輕鬆掌握
日本
三大幕府

一冊讀懂江戶時代

【監修】大石學

遠足文化

監修序

本書編輯的目的，在於讓讀者理解自一六〇三年（慶長八年）到一八六七年（慶應三年），歷時二百六十五年的江戶時代歷史及這段時期的意義。過去講到江戶時代，多半在強調壓抑、貧困、歧視等社會負面的印象。然而，近年來開始有人從兩個重點來重新檢視。首先，這個時代無論在國內或對國外，沒有發生過任何一次戰事。江戶時代長期的「和平」，就連在世界史上也屬罕見，甚至被稱「德川的和平＝Pax Tokugawana」。不僅如此，更重要的是這段「和平」是在克服先前長達一世紀的戰國時代而達成的。而隨著「和平」到來，原先身為作戰人員的武士集中落腳到城下町並成為官員，開啟了對各村的遠端行政，使得社會均衡，首都江戶更發展為世界數一數二的大都市。

另一個重點則是江戶時代建立及發展出許多延續至今的制度、系統及思想等具有特色的

「文明」。比方說生活單位的家、家族、町、村，甚至組織、團體的性質等，這些所謂日式、和風、日本風格等，也就是「文明」以普及於國民基層的規模逐漸成熟。

而支持這些像是「和平」、「日式文明」發展的基礎，就來自於庶民讀寫能力，也就是識讀能力的提升。跨越地域、身分的教育普及，讓社會大眾在解決問題時不再憑藉武力，而是以法治為基準，這樣的觀念落實之後，便不會再回到戰國社會。當時多數來到日本的外國人，對於這個在遠東Far East的小國、社會秩序、公共性，以及體貼他人的用心等，在驚訝之餘也讚不絕口。延續到今日的江戶社會，即使就當時的全球標準而言，也獲得極高的評價。

目次

第三章 出現動搖的幕府統治
──三名老中的悲哀（1745～1843）

第四章 江戶幕府的尾聲
──開國與戰亂的時代（1843～1867）

專欄

德川氏譜系圖

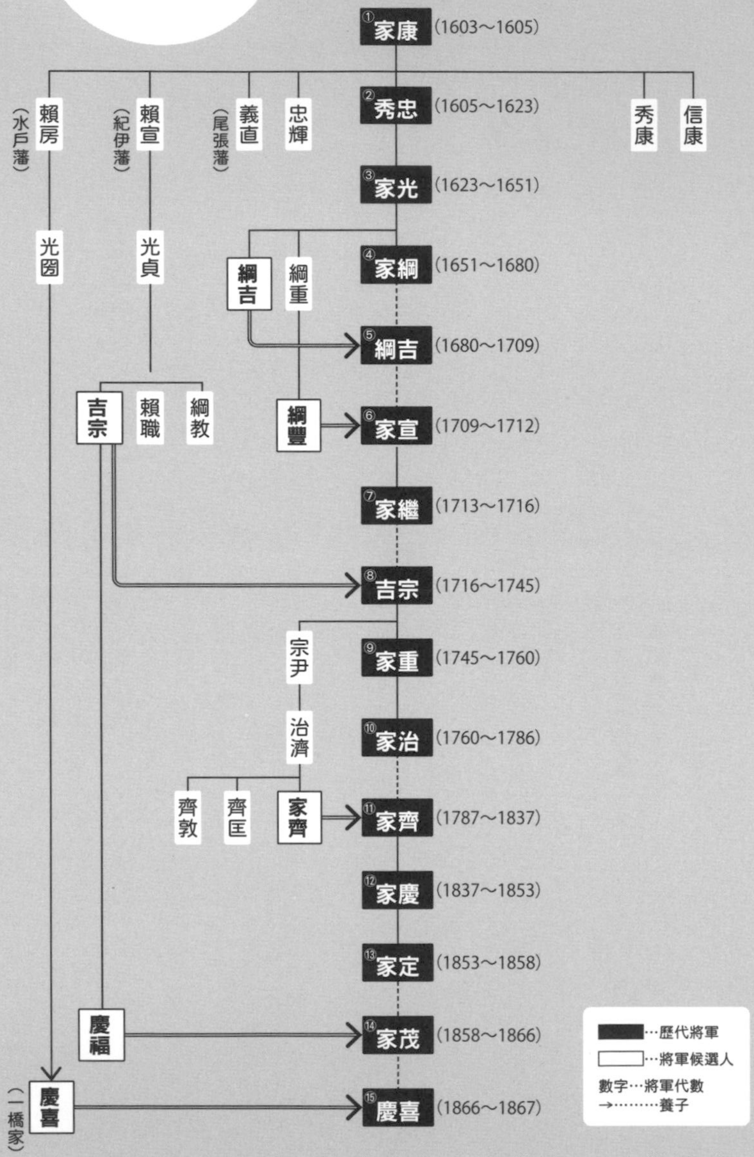
①家康 (1603～1605)
②秀忠 (1605～1623)
③家光 (1623～1651)
④家綱 (1651～1680)
⑤綱吉 (1680～1709)
⑥家宣 (1709～1712)
⑦家繼 (1713～1716)
⑧吉宗 (1716～1745)
⑨家重 (1745～1760)
⑩家治 (1760～1786)
⑪家齊 (1787～1837)
⑫家慶 (1837～1853)
⑬家定 (1853～1858)
⑭家茂 (1858～1866)
⑮慶喜 (1866～1867)
賴房 (水戶藩)
賴宣 (紀伊藩)
義直 (尾張藩)
忠輝
秀康
信康
光圀
光貞
綱吉
綱重
吉宗
賴職
綱教
綱豐
宗尹
治濟
齊敦
齊匡
家齊
慶福
慶喜 (一橋家)
…歷代將軍
…將軍候選人
數字…將軍代數
→………養子

前言

prologue

世界洪流中的江戶時代

維持了超過兩百五十年的江戶時代，很多人都覺得在「鎖國」體制下，與世界的交流受到極大限制。然而，這幾年來隨著針對鎖國時期的研究愈多，發現當時雖然受到限制，但與各國之間的交流仍舊持續進展。另一方面，這個時代世界正經歷強烈的變動。

江戶幕府成立的一六〇〇年代，在歐洲，大航海時代亮眼的經濟發展告一段落，加上受到氣候寒冷化的影響，社會陷入危機。陸續出現農作歉收、饑荒，德國在一六一八年爆發了「三十年戰爭」；其中又加入宗教對立上的利害關係，牽涉到多個國家之下，發展為大規模且長時間的戰事。

一六四〇年，英國發生了「清教徒革命」。因為這場革命，英國國王查理一世遭到處決，英國有十一年的時間採取共和制。

一六〇〇年代後半的歐洲從經濟蕭條中重振，推動重視經濟的「重商主義」，歐洲經濟得以發展，到了一七〇〇年代在英國發生了工業革命。

因為瓦特（James Watt）改良了蒸汽機，以及史蒂文生（George Stephenson）打造的蒸汽火車等技術創新，使得生產力大幅提升，在資本主義的發展下，整個社會走向也出現了重大變化。

然而，這時原本屬於英國領土的北美十三個殖民地起而對抗英國，開啟「獨立戰爭」，最後由獨立軍獲得勝利成立了美利堅合眾國。

當時與英國爭奪全球霸主地位的法國，也因為法國革命中國王路易十六遭到處決而建立共和制。由此可知，歐美的社會出現了戲劇性的變化。

至於東亞地區，就與全球一樣處於政局不穩的狀態，中國的明滅亡之後，清則在一六三六年建國。

到了一八〇〇年代，歐洲各國加速進軍海外。之前具備實力的鄂圖曼帝國（現在的土耳其）及蒙兀兒帝國（現在的印度）逐漸走下坡，而清國則在一八四二年於鴉片戰爭中敗給了英國而陷入苦境。

在鎖國體制下的江戶幕府也不免捲入時代的潮流，自一八〇八年（文化五年）首次有英國軍艦費頓號（Phaeton）闖入長崎港之後，就得面對外國船隻不時入侵。雖然在一八二五年（文政八年）祭出「異國船驅逐令」，下令只要有接近海岸的外國船隻就予以攻擊，但外國船隻的入侵有增無減。一八五三年（嘉永六年）更有載著美國東印度艦隊司令官培理的黑船來到日本。

面對這樣的狀況，在日本國內分成認為必須與各國建交、通商的「開國派」，以及主張「驅逐蠻夷外國人」的攘夷派，雙方呈現對立。日本終究還是簽訂了「日美和親條約」[1]開放國界，但一連串的風波難免讓幕府權威掃地，也導致薩摩藩與長州藩等倒幕派勢力崛起。最後，幕府無法抵擋倒幕派的勢力，在一八六七年（慶應三年）將政權歸還給天皇，也就是「大政奉還」。只不過因為新政府內部的主導權之爭，使得舊幕府軍與新政府軍的對立成了導火線，開啟了戊辰戰爭。

1 又稱為「神奈川條約」。

豐臣政權贏得「暫時和平」之前

江戶幕府的成就是實現了「和平」。這份功績代表了經過鐮倉、室町、戰國時代，日本終於在迎接江戶時代來臨時結束了戰爭。多數人的印象常是「戰爭是發生在戰國時代」，其實不然。

自古以來，從平安時代末年源氏與平氏之間的源平合戰（一一八〇～八五年）、鐮倉幕府成立後幕府與後鳥羽上皇領導的朝廷間爆發承久之亂（一二二一年）、鐮倉幕府滅亡後室町幕府初代將軍足利尊氏與其弟足利直義之間爆發的南北朝之亂（一三三六～九二年），到室町幕府內亂的應仁之亂（一四六七～七七年）……。

在其他大小戰事不斷發生之中，日本進入了戰國時代。而戰國時代發生的戰事中，很多都是延續自室町時代之前的紛爭或緣由。

例如，室町幕府成立時（一三七八年），負責治理關東的足利一族中的「鐮倉公方」，與輔佐他的「關東管領」上杉氏，在整個室町時代都呈現對立的態勢，並將身邊的勢力全部牽扯進這一場混戰之中。

這股紛爭始終沒有解決，延續到戰國時代，雖然原本雙方的勢力衰退，但包括統治相模（現今神奈川縣）的後北條氏、以長尾景虎（上杉謙信）著名的越後（現今新潟縣）長尾氏、由武田信玄率領的甲斐武田氏（甲斐是現今的山梨縣）、因今川義元而廣為人知的駿河今川氏（駿河為現今的靜岡縣）等等，這些勢力趁亂介入關東霸權之中，演變為長期戰爭。

這類權力鬥爭在日本各地可見，因為祖先代代的紛爭延續到了下一場戰事。至於什麼時候才能終結？當時的人完全看不到盡頭。

然而，有個大大改變戰國時代局勢的人出現了！就是「織田信長」。出生於尾張的信長，一五六〇年（永祿三年）在與今川義元之間爆發的桶狹間之戰獲勝，又打敗了在齋藤道三死後關係惡化的美濃齋藤氏（美濃為現今的岐阜縣），自此拓展勢力。為了遠離當時統治京都的阿波（現今德島縣）戰國大名三好氏，援助離開京都的室町幕府第十五代將軍足利義昭上洛。

信長自己也進入了京都，將三好氏等敵對勢力逐出京都後，便與足利義昭合作，進入政治核心。

然而，之後的信長與義昭對立加劇，義昭更在背地裡聯合其他大名策劃擊敗信長。在義昭的號召下，包括越前的朝倉氏、近江淺井氏以及甲斐武田氏等人，都私下承諾合作。

這時，信長面臨重大危機。但接下來在與朝倉氏對戰中，雖然遭到昔日盟友淺井氏背叛夾擊，仍順利逃離戰場，也就是著名的「金崎大撤退」（一五七〇年〔元龜元年〕），之後又因為信玄在行軍途中猝死等，事態逐漸轉為對信長有利。信長終於驅逐義昭、廢除室町幕府，加上朝倉氏、淺井氏、甲斐武田氏等勢力也一一消滅後，信長得掌大權，眼看著就要一統天下了。

豈料，一五八二年（天正十年）六月二日，他卻遭到自己的部屬明智光秀背叛，因為「本能寺之變」結束了一生。

本能寺之變爆發後，明智光秀立刻遭到秀吉擊斃，接下來包含秀吉在內，信長昔日部屬與子嗣之間展開一場「誰能成為信長接班人」的爭奪戰。

柴田勝家與德川家康等信長部屬與其他大名也參與了這場接班人之爭，但勝家在與秀吉交手的賤岳之戰（一五八三年〔天正十一年〕）中落敗殞命，而家康在隔一年的小牧・長久手之戰後，終究服從了秀吉。

經過了這些種種，最後的勝利者成了秀吉。秀吉追隨信長的腳步，以統一天下為目標。

秀吉首先積極平定紀州。紀州以宗教勢力為後盾，加上根來眾、雜賀眾等國人（有勢力的地方豪族）具有一定實力，向來是連朝廷或幕府也無法掌控的「治外法權」之地。

以統一天下為目標的秀吉，必須要讓這股勢力服從，紀州也在大軍壓境下迅速平定。

接下來該平定的是持續抵抗的四國，秀吉與當地握有實力的長宗我部氏對戰。長宗我部氏雖然奮力抗戰，在雙方軍力懸殊下屢屢挫敗，最後投降。

後來秀吉就任「關白」一職，並將姓氏改為「豐臣」。秀吉為了達成統一天下的偉業，發布了「惣無事令」禁止全國大名「私鬥」，也就是未經秀吉許可不得擅自開戰。

然而，薩摩的島津氏卻無視惣無事令，不斷攻擊豐後的大友氏，被秀吉視為違反命令而舉兵討伐。

大友氏在豐後遭受島津氏的猛攻陷入苦戰，卻在秀吉大軍抵達後形勢逆轉。即使以善戰出名的島津氏，最後也不得不投降。

直到最後仍堅持與秀吉敵對的，剩下關東的後北條氏及奧羽伊達氏。後北條氏由於與獲得秀吉極大信賴的家康關係親近，家康努力奔走試圖避免與其對立，後來卻因為他們不顧惣無事令攻打真田氏名胡桃城之由，出兵進攻後北條氏根據地小田原。

小田原城是一座著名的難攻之城，但面對集結全日本大軍苦守之下，最後仍遭到攻陷。

另一方面，原先與秀吉敵對的伊達氏，對於加入攻打小田原的命令猶豫許久，最後仍決定接受，服從秀吉的命令。當時，東北還殘留很多不服秀吉的零星勢力，卻在伊達氏投降之後，東北地區也順利平定。

至此，全國再無與秀吉敵對的勢力，長久以來期待的天下統一終於實現。這個時期不同於鎌倉幕府、室町幕府，由於不允許一切私鬥，因此達成了暫時性的「和平」。

然而，這樣的「和平」終究只是「暫時性」。生於現代的我們知道，經過後來的關原之戰、大坂冬之陣、夏之陣後，會有超過二百五十年的和平，但包括家康及當時的武士想必都很難想像，這般平靜安穩的日子能持續那麼久。

在無法預測到未來的時代，家康及後續的將軍，以及支持他們的大名、武士、農民、町人，是怎麼樣在江戶時代生活，而且維持這樣「和平」的日子呢？

接下來，就在對照全球動向之中看看江戶時代發生了什麼事。

第一章

支撐江戶時代的體制架構

——家康～家綱（1603～1680）

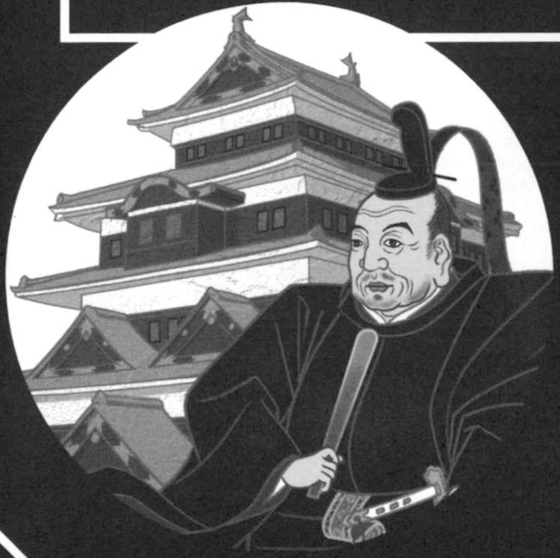

誰是戰國的勝者？——關原之戰

江戶時代從何時開始？一般多認為是自德川家康受朝廷任命為征夷大將軍，建立江戶幕府的一六〇三年（慶長五年）。

這樣認定是以早一步取得天下的是豐臣秀吉，而天下人的輪替是「秀吉之死」與「家康勝利」為前提。

一五九八年（慶長三年），秀吉在即將病死之際，將輔佐時仍年幼的接班人豐臣秀賴的任務，交付給了經驗豐富的「五大老」（德川家康、前田利家、宇喜多秀家、毛利輝元、上杉景勝）及「五奉行」（前田玄以、淺野長政、增田長盛、石田三成、長束正家）。

然而，五大老與五奉行之間卻為了爭奪秀吉死後的主導權而產生對立，尤其德川家康與石田三成更是水火不容。

在這樣的態勢下，一六〇〇年（慶長五年）其中一名大老上杉景勝拒絕了家康要求上洛的命令。家康將此行為視為謀反，決定出兵前進景勝的領地會津（現今福島縣）。

此時，三成乘機與自己的盟友起兵，家康在收到通知後取消了進軍會津，要大軍折返備

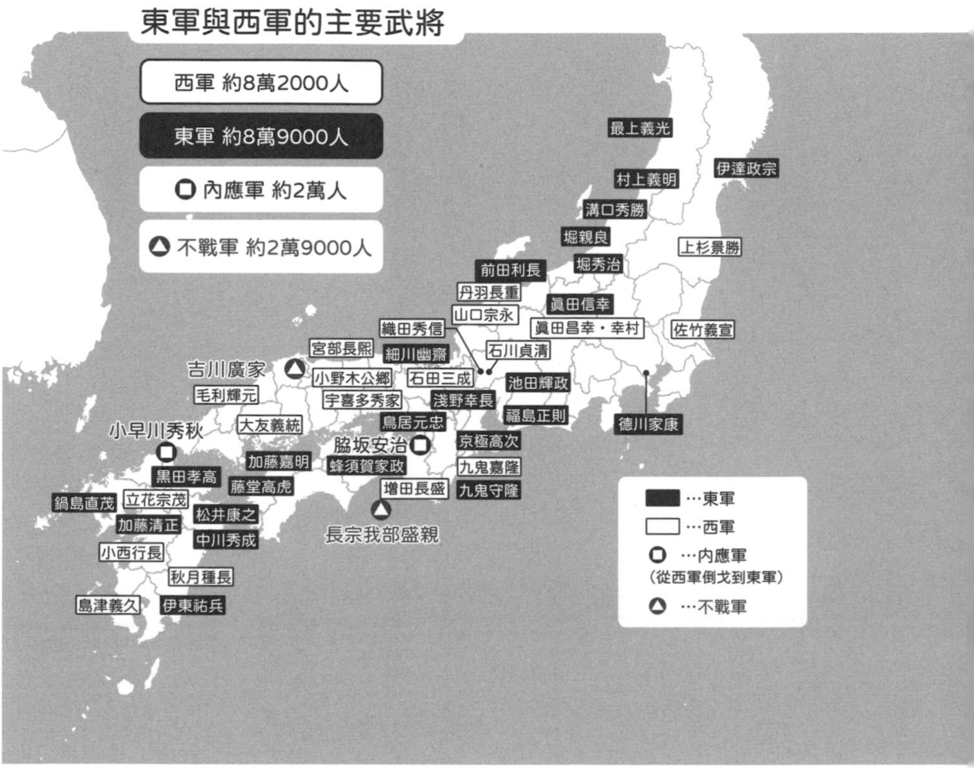
東軍與西軍的主要武將
西軍 約8萬2000人
東軍 約8萬9000人
內應軍 約2萬人
不戰軍 約2萬9000人
最上義光
伊達政宗
村上義明
溝口秀勝
堀親良
上杉景勝
前田利長
堀秀治
丹羽長重
眞田信幸
山口宗永
織田秀信
眞田昌幸・幸村
佐竹義宣
宮部長熙
細川幽齋
石川貞清
吉川廣家
小野木公鄉
石田三成
池田輝政
毛利輝元
宇喜多秀家
淺野幸長
鳥居元忠
福島正則
德川家康
大友義統
小早川秀秋
脇坂安治
京極高次
加藤嘉明
蜂須賀家政
九鬼嘉隆
黑田孝高
藤堂高虎
增田長盛
九鬼守隆
鍋島直茂
立花宗茂
松井康之
加藤清正
中川秀成
長宗我部盛親
小西行長
秋月種長
島津義久
伊東祐兵
…東軍
…西軍
…內應軍
(從西軍倒戈到東軍)
…不戰軍

戰。

三成率領西軍自西側進擊，與家康率領從東側返回的東軍，在美濃（現今岐阜縣）的關原展開激戰，這就是史稱的「關原之戰」。

關原這場戰役雖然被視為「決定天下的大戰」而廣為人知，但其實主要陣容的戰鬥不到一天就結束了。

大多數的人都認為「因為西軍不斷出現叛徒武將才會讓東軍獲勝」，然而，被視為叛徒代表的小早川秀秋，也有人說「他開戰時早已隸屬東軍」、「其實他本來就是東軍的武將」等等。

話雖如此，總之三成最後慘敗，就此奠定了家康的優勢，這一點無庸置疑。家康在戰後立刻釐清支持自己的勢力與敵對勢力，忙於進行戰後處理。

家康除了一門（親戚）與譜代大名（自古以來的眾家臣）之外，也對於戰前才表態支持家康的福島正則、加藤清正等過去與豐臣家關係密切的多位外樣大名給予賞賜。

另一方面，作為西軍主要人物的三成則遭到處刑，支持三成的大名多遭到改易（因為領地被沒收或身分遭到剝奪而滅門），或是被下令削減大幅領地。不僅如此，即使豐臣家並未直接參與戰事，領地也從兩百二十萬石大幅減少到約六十五萬石。

不過，要說家康的時代就此來臨，倒也不然。因為家康在關原之戰或戰後處理上，終究還是打著「豐臣家的家臣」這個名義，因此形式上仍然必須服從豐臣家。

我們印象中的戰國時代應該是「有實力的人往上爬」，也就是下剋上的時代。這個時代的確有這一面，但另一方面也很重視「下剋上的理由」。換句話說，即使這是個注重實力的時代，要是沒有正當的理由仍然很難冒犯主君。

不僅如此，更棘手的是豐臣家還有「威望」。由於接受朝廷任命「關白」一職，有

西軍主要大名的領地變化

石田三成	19萬4000石 ➡ 改易並遭斬首
上杉景勝	120萬石 ➡ 出羽國米澤30萬石
毛利輝元	112萬石 ➡ 長門國萩29萬8000石
宇喜多秀家	57萬4000石 ➡ 改易
鈴木重朝	1萬石 ➡ 改易
立花宗茂	13萬2000石 ➡ 改易
真田昌幸	3萬8000石 ➡ 改易
長宗我部盛親	22萬石 ➡ 改易

著崇高的身分，仍有許多仰慕這個家族的勢力。其中也包含了在關原之戰後獲得強大實力，並與豐臣家親近的大名，萬一家康滅了豐臣家的念頭太明顯，可能招致這些大名為了保護豐臣家而與之為敵。

因此，家康在滅掉豐臣家之前為了提高自身權威，好讓德川家有武士之首的地位，擬訂了各式各樣的策略。

首先，家康要取得與豐臣家同樣有來自朝廷保障的權威，加強對朝廷下了一番工夫。

一六〇三年（慶長八年），家康接受朝廷任命「征夷大將軍」。說到征夷大將軍，就是過去源賴朝、足利尊氏都接受過任命的武家最高職務。這麼一來，家康也獲得了與豐臣家並列的「格式」[1]，豐臣家與德川家同樣都是有權威的武家了。

同一年，家康終於成立了「江戶幕府」，並由自己擔

此時此刻的世界大事？

1602年荷蘭成立聯合東印度公司

荷蘭因為注重貿易，為了提升國力而成立聯合東印度公司。這間公司據說是「全世界第一間股份有限公司」，目的是為了進軍東南亞。此外，與日本之間的交流也是荷蘭東南亞政策的一環。

任第一代將軍。家康並非為了想要成立幕府、成為征夷大將軍才引發關原之戰，而是在關原之戰後，利用將軍一職及幕府這個制度讓一己的權力正當化。

換句話說，對家康而言成立江戶幕府不是「目的」，乃是「手段」。

1 身分、地位。

與「戰國再來」的戰鬥——江戶幕府的成立

成立江戶幕府的家康，並不因為這樣就滿足。室町幕府滅亡之後，天下人由織田信長換到豐臣秀吉，也就是吹起一股「眾人輪流得天下」的風潮。家康卻不認同這種作法，認為德川家應代代繼承權力。

因此，家康在就任將軍僅僅兩年後，便於一六〇五年（慶長十年）把將軍一職交給兒子德川秀忠，自己則移居德川家祖先多年守護的駿府（現今靜岡縣靜岡市）。藉由執行權力的繼承，不僅明確彰顯武家之首由德川家子孫延續，同時也破除了「秀賴成長後將政權歸還豐臣家」的猜測。話說回來，當時六十幾歲的家康並未就此退隱，形式上的權力雖然交給在江戶城的秀忠，但家康仍在駿府以「大御所」的身分輔佐兒子，並掌握實權主導政治、經濟、外交等事務。

一六〇六年（慶長十一年），家康親自上洛叮囑朝廷「若無江戶幕府推薦不得賜官職予大名」。這是為了防止朝廷與大名在不透過幕府之下合作，另一個目的也是阻斷透過豐臣家從朝廷獲得官職的途徑。

家康料想到權力逐漸遭到剝奪的豐臣家勢必感到不耐，便於一六一一年（慶長十六年）邀請大坂城的豐臣秀賴到京都二條城會面。

面對家康這番充滿敵意的行動，豐臣家戒心十足，秀吉的側室，也就是在秀吉死後以秀賴生母身分在豐臣家掌握實權的淀殿，並不同意這場會面。

最後是由片桐且元、加藤清正、淺野幸長等秀吉仰賴的幾名武將護送秀賴前往會面。雖然自始至終並未出現秀賴遭暗殺之類的事件，但光是「家康把秀賴找來見面」一事，已充分展現了家康與秀賴的權力關係，社會大眾也普遍有了「德川家比豐臣家了不起」的印象。

此外，家康趁著後水尾天皇登基之際，要在京的多位大名聚集於二條城，簽署下列三條誓約。

第一條，遵守將軍秀忠之令。

此時此刻的世界大事？

1613年俄羅斯的羅曼諾夫王朝成立

在俄羅斯有著「恐怖伊凡」之稱的伊凡四世，奠定專制政治的基礎，在他死後經過內亂成立了羅曼諾夫王朝（Romanov Dynasty）。與江戶幕府幾乎在同一時期成立的羅曼諾夫王朝，持續了大約三百年，直到1917年才在俄羅斯革命中瓦解。

第二條，對於違令之人不包庇。

第三條，部屬中有反叛或殺人者，不予雇用。

這除了讓諸位大名再次體認到對秀忠的忠誠，另一方面也針對雇用牢人[2]打造反德川軍的豐臣家有牽制的作用。然而，豐臣家的憤怒不消反漲，兩者的衝突只是遲早的問題。

終於，出現了兩者爆發對立的關鍵性事件。一六一四年（慶長十九年），豐臣家過去為了對抗奈良東大寺而在京都打造的大佛，因為地震、火災而受損的「方廣寺」重建完成。

當時即使貴為豐臣家，要為大佛開眼也必須取得幕府的許可，於是家康要求秀賴提出「鐘銘」（刻在大鐘上的文字）。家康看到提出的文字內容後，發現了「國家安康」、「君臣豐樂」，認為這是刻意將「家康」二字截斷，祈求豐臣家的繁榮，因而要求豐臣家取消開眼供養。

過去多數人認為家康刻意檢查鐘銘，找出反家康的細節，就是要製造「討伐的名目」，試圖趁早滅掉豐臣家。不過，近年來也出現另一種看法，「就當時的規矩來看，豐臣家這種書寫方式被當作挑釁也無可厚非」。

總之，因為這起事件導致破壞雙方的平衡，動員各自的勢力，掀起「大坂冬之陣」。

包括對豐臣感恩的武將在內，要面對動員全日本兵力的家康，即使豐臣家威望仍在，不過豐臣軍主要由關原一戰落敗的牢人組成，明顯居於劣勢。

然而，以堅固的大坂城為據點，加上致力重振的真田信繁（幸村）打造的真田丸等防禦設施發揮功能，也讓家康陷入意料之外的苦戰。

這時，家康轉換方針，策劃暫時和談。豐臣家也感受到家康的勢力強大，讓過程進行得很順利，甚至雙方已提出和議條件。

至於條件，豐臣家認為是「填平大坂城的外壕溝」，家康卻解釋為「連大坂城的內壕也要填平」，並立刻著手填平所有壕

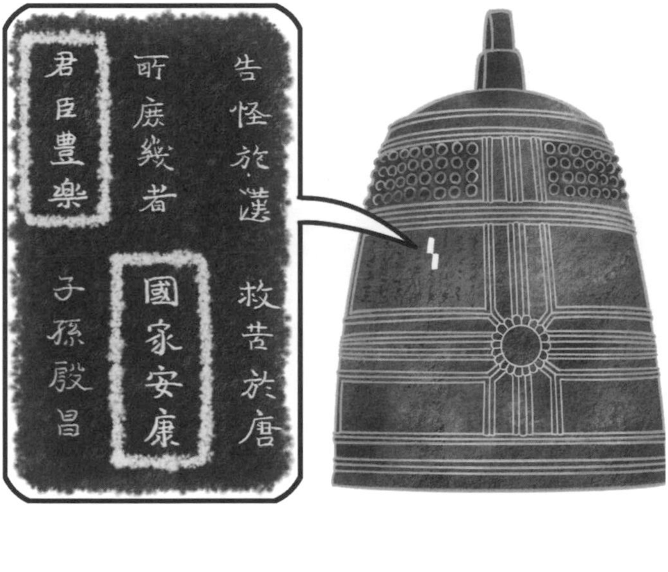

溝。這麼一來，大坂城等於毫無防禦能力，遭到違背約定的豐臣家戒心升起。此外，臨時召集來的一群牢人一旦戰爭結束，也擔心會再次失去棲身之所，成為和議破局的關鍵因素。

就這樣，一六一五年（元和元年）爆發了「大坂夏之陣」。德川一方有十五萬大軍，對戰的豐臣一方兵力據說不到一半。

雖然在前一次大坂冬之陣奮力作戰，但這次失去了防禦設施，對豐臣軍相當不利。不過真田信繁仍舊大展身手，更一度進逼家康本陣。

然而，終究還是寡不敵眾。大坂城的天守燒毀，淀殿與秀賴也自盡。至此，家康

大坂之陣的軍勢

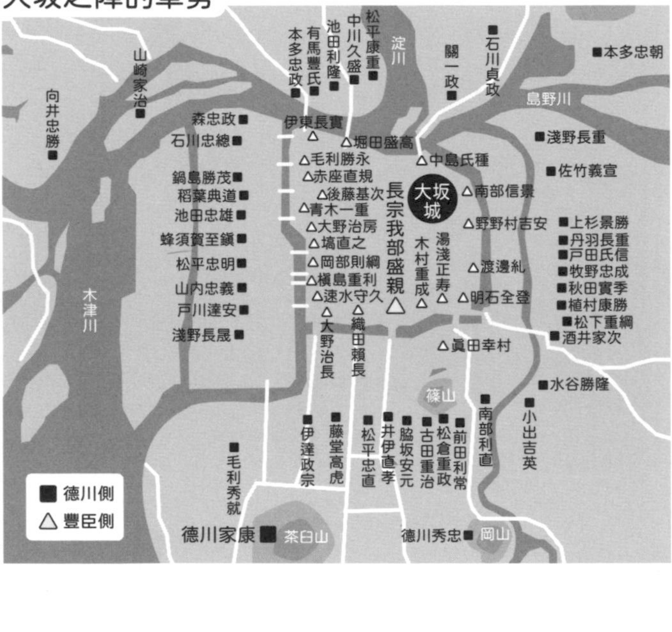

最大的威脅豐臣家終於滅亡。

家康的作法讓人覺得多少有些強硬，但能撐過戰國時代的他，非常清楚若不斬草除根有多麼危險。

2 室町到江戶時代失去主家、不再有奉祿的武士，亦稱作「浪人」。

優秀的中繼家主——德川秀忠

一六一五年（元和元年），幕府對主要的西國大名下達了「一國一城令」。這道命令要求大名「除了自己的住所之外，必須廢除領國內其他的城」，目的在於削減作為軍事據點的城，降低眾人的軍事實力。

此外，隔年陸續發布了作為幕府統治基礎的多項重要法律，像是「武家諸法度」、「禁中並公家諸法度」、「諸宗諸本山法度」等。這些法律各自將「大名」、「朝廷」、「寺社」納入幕府的管理，建立秩序並澈底統治。

就在這些法度成立的同一年，身為大御所且握有實權的家康過世，享年七十五歲。接下來就要考驗第二代將軍秀忠的實力了，然而，先前他雖然在形式上有將軍之名，畢竟還是藉助父親家康之力執行政權。

秀忠重用本多正純、土井利勝、安藤重信、酒井忠世四名「年寄」（之後的「老中」）來輔佐自己。這些人每個的年紀都比秀忠大，而且經驗豐富，秀忠讓他們職掌政權中樞，希望能傳承家康的施政。

另一方面，秀忠也得面對一大課題。即使之前建立了各種法度，在家康過世之後，家臣、大名、朝廷等各個法度對象是否還會遵守，是一大問題。

過去在鐮倉幕府，第一代將軍源賴朝身亡之後，所屬的一群御家人對第二代將軍源賴家表示不滿，最後還將他禁閉於伊豆並加以殺害。

秀忠自然不希望這種一旦將軍換人就引起家臣反彈而影響到將軍家權力的前例再次重演，因此，即使面對德川一門的自家人，他也毫不寬貸，嚴加懲罰。

在先前的大坂之陣中，屬於德川一門且為秀忠異母之弟的松平忠輝不但遲到未能建功，他的家臣還在前往大坂途中將秀忠的旗本[3]長坂信時殺害，這起事件讓家康大怒。

就秀忠的角度來說，忠輝是弟弟，而秀忠自己也曾在

此時此刻的世界大事？

1618年爆發三十年戰爭

以德國為主但歐洲各國皆參戰的宗教戰爭。起因是波希米亞（捷克西北部）國王強迫人民信仰天主教引起反彈，逐漸演變成舊教派與新教派的內戰。後來更加上多股外國勢力加入，擴大為長達三十年的戰事。

關原之戰中遲到，同樣惹得家康不高興，照理說很能夠感同身受。

然而，秀忠卻不饒恕他。忠輝後來遭到改易，失去領地，還受命流放到伊勢（現今三重縣）。秀忠傳承家康的遺志，展現出即使面對德川一門在處罰時也不放水的態度，讓其他大名感到恐懼。

接下來，在一六一九年（元和五年），從家康一代就表現出色的外樣大名福島正則，因為違反武家諸法度而遭到改易處分。罪狀是擅自在被禁止的居城——廣島城進行修繕，秀忠無視一群家臣想要將大事化小、小事化無的建議，一意孤行。但在這件事情上，也展現出秀忠堅決的態度。

此外，一六二二年（元和八年）下令引起御家騷動的最上家改易，為執行這項處分前往山形的重臣本多正純也突如其來遭到改易，並就此幽閉度過餘生。

這次處分的理由推測有兩點。其一，一六一九年福島正則改易處分，正純曾向秀忠建言，「會有崇拜他的十位大名對此反彈」，秀忠卻沒聽進去，仍舊執行了正則的改易。不僅如此，秀忠還對這番建議理解為對自己的威脅，懷恨在心。第二點，面對秀忠賜予宇都宮（栃木縣）土地，正純表示自己「不配獲得這麼好的待遇」而試圖婉拒，這一點也讓秀忠很不高興。

在這起事件之後，對於自己同父異母之兄松平忠直也判處流刑，也就是說，從家族一門到外樣大名，針對威脅到自身地位的人都陸續處分。接下來，在自己的使命告一段落後，就與預計繼承下任將軍的家光共同參與政務。

一六二三年（元和九年），秀忠把將軍一職交給家光，自己則與父親同樣以大御所的身分掌握實權。只是相對於家康移居駿府，秀忠則於江戶城內進行大御所施政。

秀忠讓自己的女兒和子與後水尾天皇結婚，促進幕府與朝廷的融合，另一方面，也控制朝廷，祭出「禁中並公家諸法度」即為

受到秀忠處分的主要人物

松平忠輝	遭處流刑到伊勢朝熊（現今三重縣伊勢市）。
松平忠直	遭處流刑到豐後萩原（現今大分市）
福島正則	沒收芸備二國。移封到信濃川中島與越後魚沼郡4.5萬石，隱居在信濃高井野。
本多正純	幽居於秋田由利（現今秋田縣利本莊市）。

代表手法。

然而，一六二七年（寬永四年）後水尾天皇未知會幕府，便擅自許可僧侶穿著紫衣（位階高的僧侶穿著的紫色服飾），對此幕府認為違反規定並宣布升格無效。後水尾天皇對於幕府的決定感到不滿，也無意繼續在位，突如其來公布讓位。

這起事件稱為「紫衣事件」，讓幕府與朝廷的關係出現動搖。

有人認為，秀忠這番澈底的統治、懲處，是因為太過害怕遭到背叛所致。

只不過，為了防止不慎回到「武力解決」的戰國時代，嚴格執行法律是必要的，而秀忠生長於不穩定的戰國時代，看

著父親家康歷經千辛萬苦，最起碼要繼承父親遺志而重視穩定幕府政治。從另一個角度來看，秀忠雖不起眼也有他一定的實力。

在過去，將軍秀忠介於家康與家光之間，一位是成立幕府的將軍，一位是天生的將軍，世人對於秀忠並無太多評論，但近年來大眾逐漸改觀，認為秀忠的作為「奠定了江戶幕府的基礎」。

3 一般指江戶時代受封未滿一萬石但有資格參與將軍出場儀式，直屬德川將軍家的家臣團。

天生將軍——德川家光

江戶幕府的第三代將軍德川家光，是秀忠的次子。由於秀忠的長子兩歲即夭折，家光具備充分資格成為接班人。

不過，秀忠與其妻江卻疼愛家光之弟國千代，讓家光的將軍大位一度不保。雖然家光曾居於劣勢，據說在乳母春日局與祖父家康一聲令下，仍內定為將軍。

家光在一六二三年（元和九年）就任將軍，一六三二年（寬永九年）父親大御所秀忠過世後，家光的政治之路正式展開。

過去家光以「天生將軍」之姿，流傳後世的也多是他意興風發的樣貌。其中一段著名的小故事，就是他召集大名到江戶城，向眾人宣告，「家父與祖父過去都與各位並肩作戰。不過，我生來就是將軍，當各位都是家臣。要是對此有所不滿，各位可以回到領地準備作戰無妨。」這番話讓諸位大名十分震驚。

事實上，家光留下了許多政績。例如針對秀忠時代獲得權力的「年寄」等輔佐將軍的職務進行統合、重新編制、強化，整頓官僚體系。此外，再次發布「武家諸法度（寬永令〉」，並將參勤交代[4]制度化。

不僅如此，他還下令大名與旗本要交出譜系圖，在一六四三年（寬永二十年）歸納整理出《寬永諸家系圖傳》。一六四四年（正保元年）要求各相關人士提出全國國繪圖、城繪圖，以及為了了解村高（土地生產力）的鄉帳，致力掌握現況。

然而，家光的政治也要面對相當多的課題。

首先，家光對於想將所有權力集中於將軍一身的企圖，比秀忠與家康都來得更強烈。從前面提到「家父與祖父……」的那個小故事所顯示的另一面，就是家光的主政是走向「專制政治」。

在將軍換人之後的一六三二年（寬永九年），自

此時此刻的世界大事？

1644年明滅亡，清成立

當時的明國面對北方後金與南方倭寇，大傷腦筋，政治上也停滯不前，陷入危機。重稅加上饑荒導致亂事不斷發生，最後由率領農民的李自成滅掉了明國。但李自成後來也被打敗，由改名「清」的後金統治中國全境。

熊本藩主加藤忠廣的改易，起用有「目付」或「大目付」之稱的幕臣來嚴格監視旗本、諸大名。這就是「御代始之御法度」。

此外，家光對於切支丹[5]也有諸多打壓。從家康與秀忠時代對於切支丹已積極鎮壓，許多傳教士都落得遭受驅逐出境或處刑的下場，不過其他教徒要是不太招搖通常並不會受到重罰。因為這樣的方針，在檯面上切支丹自江戶幕府已消聲匿跡。

在家光建立起專制統治的另一面，他卻是個體弱多病的人，要面對的問題就是只要他一生病，政務就停滯不前。

在過於倚賴將軍之下，整個體制顯得效率不彰。家光看到這個問題之後，著手整頓官僚系統，希望在沒有將軍之下行政仍能繼續運作。一六三八年（寬永十五年），引進了即使自己不在時，身邊近臣也能統整各級官員，讓政務順利推動的「老中制」，成為日後幕府老中權力提升的契機。

整體來說，家光對於將軍權力專制化以及中央集權化可說很有貢獻。他並尊崇家康為神，傾全力打造日光東照社。建設費用全由幕府負擔，並帶領多位大名參拜多達十次，甚至自己的遺體在安置於東叡山寬永寺（東京都東台區）後，也與家康同樣葬在日光。

這一切的施政都讓家光成為毀譽參半的將軍。

4 江戶時代的制度。各地的大名需前往江戶替幕府將軍執行政務一段時間，再回到自己的領地。

5 戰國、江戶時代至明治初期對天主教徒的稱呼。

column 1

江戶時代的「不良分子」

與社會常識大唱反調 廣受歡迎的「傾奇者」

戰國時代結束，進入江戶時代，世道也一點一點逐漸邁向「和平」。

然而，在這種時代出現了與社會唱反調的「不良分子」，人們稱這類人是「傾奇者」。

所謂的傾奇者，這個詞源自於「傾斜」、「背離正道」的意思，被視為傾奇者的人，通常衣著光鮮亮麗、留著誇張的髮型、蓄鬍、佩帶大刀小刀，一身奇裝異服在街上大搖大擺閒晃。

傾奇者穿著誇張華麗的服裝，與社會大唱反調，視當時絕對的價值觀「主從關係」為無物，他們秉持戰國時代下剋上的理念，重視夥伴之間的交流互動。

在慶長年間（一五九六～一六一五）成為傾奇者的人，多半以貧困的武家奉公人（侍奉武士的雜役）為主，但到了寬永年間（一六二四～一六四四）出現了武士、町人等各個社會

町之傾奇者

幡隨院長兵衛，據說是稱為傾奇者的町奴首領，與旗本奴水野十郎左衛門相爭後遭到殺害。是歌舞伎中經常出現的角色。

歌川國芳〈国芳もやう正札附現金男〉中的「幡隨長兵衛」

階級的傾奇者。旗本奉公人的「旗本奴」與町家奉公人的「町奴」之間的對立，還形成了社會議題。

在社會上以特立獨行的方式大唱反調的傾奇者，雖然不受大眾喜愛，但另一方面也充滿吸引力，在戲劇、說唱藝術、舞蹈等領域都加以採納參考。

然而，傾奇者不斷出現殘忍暴力的行為，造成幕府治世的混亂，一六五一年（慶安四年）在家綱政權下一舉舉發，就這樣，在幕府的控制下傾奇者逐漸消聲匿跡。

不只是單純的禁教令？——打壓切支丹

日本最初傳入天主教，據說是在一五四九年（天文十八年）耶穌會傳教士方濟・沙勿略（Franciscus Xaverius）來到日本時。之後也有致力前進亞洲的耶穌會傳教士造訪日本，努力宣揚天主教。

天主教以九州為主，推廣得相當普及，成功的原因不單只用一句「許多大名對於天主教教義產生共鳴」就能解釋。話說回來，他們之所以允許傳教，背後的原因是藉此能與葡萄牙、西班牙等歐洲各國進行貿易。

一五四三年（天文十二年），葡萄牙人來到九州的種子島（現今鹿兒島縣），當時的領主種子島時堯對於葡萄牙人帶來的「鐵砲」[6]相當關注。他立刻購買了鐵砲，讓這項能大大轉變戰況的新兵器一下子就傳遍日本。

不久之後，許多大名體認到與歐洲各國進行貿易的吸引力，沒能成為虔誠教徒的大名也希望進展貿易，於是展開了以傳教士為中介的「南蠻貿易」。

因為這樣的背景，一般向來公認「貿易與傳教」乃是密不可分，但到了豐臣秀吉的時代

後狀況便有所不同。秀吉在推動南蠻貿易的同時，卻對天主教的散布保持警戒，並於一五八七年（天正十五年）發布「半天連追放令」[7]，宣布禁教。

從豐臣家手中奪取政權的德川家康基本上也秉持同樣的態度，但到了這個時期更出現了限制貿易的舉動，即使同樣的天主教國家，選擇貿易對象時不再是找注重傳教的葡萄牙、西班牙這些國家，而是換成宗教與貿易分離、態度積極的荷蘭與英國這些國家。

即使如此，西班牙與葡萄牙仍堅持傳教的原因，是過去在歐洲建立絕對權力的天主教，因為馬丁路德「宗教改革」為首的各項改革運動而瀕臨危機。天主教這一方也認為

從南蠻傳入日本的物品

食品・嗜好品	服飾	日用品
●長崎蛋糕	●鞋子	●玻璃製品
●金平糖	●眼鏡	●歌牌
●香菸	●帽子	
●天婦羅	●合羽[8]	

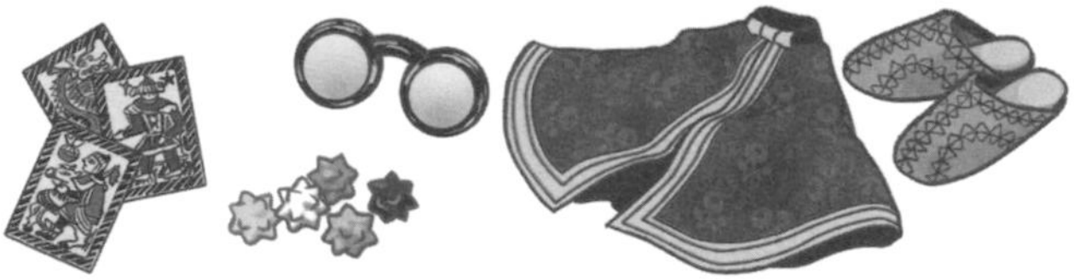

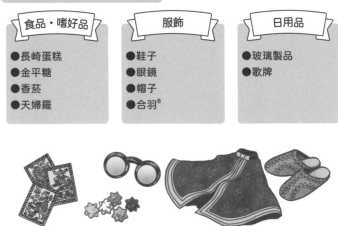

該打破現狀，堅決推動「對抗宗教改革」，由西班牙軍人依納爵羅耀拉（Ignacio de Loyola）與沙勿略等人發起的耶穌會為中心，注重到美洲大陸及亞洲等世界各地傳播教義，希望能獲得信徒。

換句話說，天主教並不認為「能夠進行貿易即可」。

秀忠也延續相同的原則，採取與天主教國家的貿易限制與禁止傳教。只不過，在禁教方面秉持「如果是私底下的信仰便予以默許」，也有人認為這代表對於天主教本身並沒有太在意。

然而，如同前面提到的，到了家光的時代對於禁教突然加快腳步。

加速禁教的關鍵事件，就是在一六三七年（寬永十四年）發生的島原・天草一揆。

島原（現今長崎縣島原市）這個地方過去由切支丹大名[9]有馬晴信治理，領地內天主教相當普及。不過，等到領主換成松倉勝家之後，居民便因為新領主的重稅與禁教等政策打壓，飽受折磨。

至於一揆發生的原因，最有力的說法就是民眾對於過於沉重的年貢負擔有所不滿。

除了發動叛變的島原民眾，天草（現今熊本縣天草市）也爆發了一揆事件。幕府忙於因

應之下，派遣了板倉重昌與石谷貞清擔任現場指揮官。

從幕府的行動察覺到必須集結群眾的一揆軍，以天草四郎為主，並挑選原城為根據地堅守。幕府軍與動員九州諸藩的幕藩聯合軍進攻原城，但戰況陷入膠著，使得指揮官重昌焦躁不安。

家光下令「盡量不要造成幕府一方的損失」，在進攻時特別顧忌，導致後來幕府決定追加指揮官，派遣松平信綱與戶田氏鐵。重昌勢必在心中不斷想著「要是不快點攻下原城，自己的地位就不保了」，結果在魯莽之下發動總攻擊，自己還送了命。

在這之後，信綱與氏鐵改採取糧草攻勢，並趁著城內兵力減弱時發動總攻擊，總算拿下城池。

一揆群眾全數遭到殺害，但幕府一方也有眾多傷亡，作為戰事爆發原因的松倉勝家受到處刑，可說此役對雙方都產生了重大影響。

家光嚴正看待這場一揆事件，命令大名澈底禁教，從此切支丹正式從歷史檯面上消失。只不過，五島列島（現今長崎縣）與天草地區在島原．天草一揆之後，仍有很多人表面上偽裝成佛教徒，私底下持續信仰天主教，也就是「潛伏切支丹」。

禁教的過程大致如上，但前面也提過很多次，談到禁教還少不了「貿易」這個關鍵詞。因此，在禁教同一時期對於貿易也加強大幅限制，換句話說，已逐漸轉向「鎖國」的體制。

接下來就看看如何走向「鎖國」。

6 即火繩槍。

7 「半天連」為葡萄牙語教士「Padre」的日語漢字，「追放」則是「放逐」之意。

8 斗篷。

9 戰國時代至江戶時代初期，信奉天主教並受洗的大名。

此時此刻的世界大事？

1640年爆發清教徒革命

英國國王查理一世藐視議會推動專制政治，導致國王派與議會派因為國王施政產生對立，進而爆發內戰。最後由議會派的克倫威爾（Oliver Cromwell）獲得勝利，處決國王並建立英格蘭共和國。

眞的封閉國家嗎？——「鎖國」的眞相

日本自古以來便就與東亞各國進行著貿易，但與歐洲各國的貿易則稱為「南蠻貿易」。這些內容大家在學校上課時都學過了，不過話說回來，歐洲各國為什麼會和「日本」進行貿易呢？

當時是大航海時代，歐洲各國為了尋找新的貿易據點與傳教地區，紛紛進軍亞洲。但既然日本附近有稱霸東亞世界的「明」，似乎沒什麼理由還要特地與日本進行貿易。問題就在於關鍵的明國採取大幅限制與各國貿易的「海禁政策」，很難進行自由貿易。

不過倒也並非單純憑藉刪去法就挑選與日本進行貿易，而是當時的日本有石見銀山等礦山，銀礦產量大幅增加，也就是日本擁有歐洲各國需要的「大量白銀」。日本出口這些白銀，讓歐洲各國開開心心地提出貿易的請求。

然而，如同前面提過，到了家康的時代出現了一連串限制貿易的因素。

當時的日本在東南亞各地的貿易量增加，家康為了擴大貿易收入更推動「朱印船貿易」。這個時代讓明國祭出海禁政策的原因，就出在稱為「倭寇」的海盜集團頻頻走私，而家康一方面可能也為了想防止因走私而造成利益流失。

原先只要有朱印狀就能進行貿易，但後來在擬定天主教的禁教政策上，面對需要更強力的貿易限制時，便決定在一六一六年（元和二年）於長崎管理葡萄牙商船，在平戶（現今長崎縣）管理荷蘭、英國商船。秀忠時代，相較於荷蘭、英國的商船，對於葡萄牙船隻的限制相對寬鬆；而到了家光時，開始陸續訂出各項貿易限制

當時主要的銀礦

政策。

首先，一六二三年（元和九年）禁止雇用葡萄牙籍的船員，同一年英國也撤出了與日本的貿易，隔年禁止了西班牙船隻進入與通商。

不僅如此，一六三三年（寬永十年）除了持有幕府發放的奉書之外，其他船隻一律禁止進入；一六三五年（寬永十二年）更禁止日本人自外國入境及回國。隔年，將葡萄牙人移往長崎的出島，後來因為島原・天草一揆的影響，更在一六三九年（寬永十六年）禁止與葡萄牙人的貿易。一六四一年（寬永十八年）將荷蘭人也移至出島，換句話說，「鎖國」體制至此完成。然而，在這之後日本仍持續進行貿易。

首先，與荷蘭、中國等國以長崎為據點繼續進行貿易。至於選擇荷蘭為對象的原因，除了荷蘭在傳教上相對沒那麼積極之外，還有西班牙與葡萄牙當時在東亞貿易方面逐漸敗給荷蘭的關係。也就是說，荷蘭贏了這場「貿易戰爭」。

其次，以對馬為據點和朝鮮進行貿易。自古以來對馬就是與朝鮮往來的窗口，經過文祿・慶長之役後，雙方的關係在江戶時代已有改善。在對馬藩主宗氏盡力恢復邦交之下，朝鮮甚至還定期派遣通信使。

最後則是薩摩與琉球王國，在松前（現今北海道）與阿伊努民族進行貿易。只不過，這些貿易並不對等，而是仗著薩摩藩與松前藩的武力強勢進行。

以日本的長崎、對馬、薩摩、松前為據點，經由「四個窗口」的貿易，成了江戶時代基本的貿易路線，並且持續到幕末。

近年來有人認為幕府的貿易體系，也就是鎖國體制並非幕府特有，其實與明國實施的「海禁」相同，因此不該稱為「鎖國」，而要稱為「海禁」比較恰當。

至於幕府的貿易制度該稱為鎖國，或是稱為海禁，各個研究者之間因為貿易制度的評價不同，仍未有一致的見解。

總之，過去「鎖國＝封閉、落後」的印象出現很大的改變。在鎖國體制下雖然對貿易有所限制，但全球是在十八世紀後半才出現類似現在這種「自由貿易」的理念，另因為重商主義而促進貿易成功的英國、法國，也理所當然地實施「保護（限制）貿易」政策。

此外，在國際往來的限制上，現代社會大家都很習慣管理出入境的「護照」制度，國家在管理國民出入境的鎖國體制上，也算是相當現代化。

換句話說，幕府的體制完全稱不上過時，甚至還與近代世界潮流同步，無論好壞都不算特別。

鎖國時期的四個窗口與對外關係

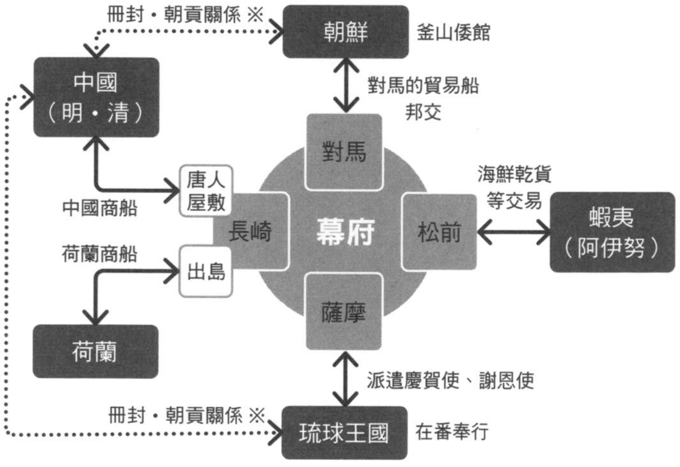

※ 冊封・朝貢關係：以中國為主的國際關係

為了打造「防災都市」——首都江戶的成長

家康進入江戶之前，江戶只是小田原北條氏的支城，被當作一個貧窮小村落。近年來才釐清，江戶其實是關東的流通據點，即使如此，就家康權力之大，作為政治根據地來說規模仍是小了點。

其實，關東還有武士崇拜的城市鎌倉，以及北條氏自古作為根據地且繁榮的小田原。但家康刻意挑選江戶，據說原因是秀吉的命令。不過，相較於小田原或鎌倉，江戶的地理位置在關東中心，在中世紀更發展為政治、經濟、文化的中心，就結果來看，家康的選擇自有一番道理。

家康命令眾家臣迅速規劃出外觀，然後進行江戶城的普請[10]與打造城下町。

在短時間內一鼓作氣，等到此地能作為統治關東據點而正常運作時，正好就是家康在關原之戰獲勝之際，家康便在江戶開設幕府。

這代表江戶不僅是統治關東的據點，更一舉成了統治全國的「首都」。

接下來家康改變了過去交由家臣與領民的普請方式，推動了動員各領國大名進行大規模工程，稱為「天下普請」。在擴大建設江戶城下町的同時，也進一步建造天守閣及日本橋架橋等。

這類普請雖然讓眾大名疲於奔命，江戶卻因而有大幅發展。江戶的建設直到秀忠、家光時代仍持續進行，到了現代依舊知名的有樂町、番町這些地名，都來自這個時代武家地的建設所打造的多處武家屋敷。另外，至今仍位居高等的寬永寺（台東區）等寺院，也都是在江戶前期打造的。

另一方面，都市在發展時「與周邊的良好連通」也不可或缺。無論是人員往來，或是進行交易，都必須建設道路。

於是，家康建設了東海道、中山道、奧

江戶都市概念圖

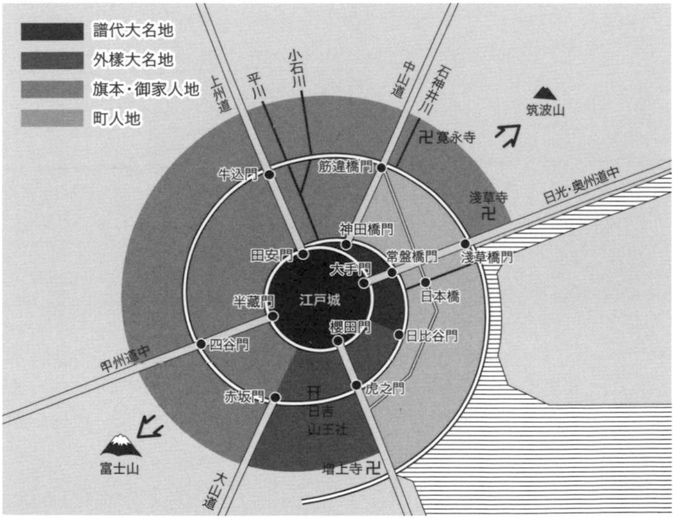

州街道、甲州街道、日光街道等「五街道」，至今仍為眾人所知的交通幹線，並且在路上設置宿場[11]、一里塚[12]，不但提高便利性，一方面也讓幕府有效管理街道並嚴格監視江戶的出入狀況。

然而，一六五七年（明曆三年）原先建設得很順利的江戶，發生了震撼四方的大災害。該年一月十八日，位於現在文京區的本妙寺起火，火勢在強風下延燒到本鄉、湯島（文京區）、駿河台（千代田區）等地。接著更蔓延到神田（千代田區）、日本橋（中央區）方向，最後把整個町人街燒毀殆盡。

光是這樣已經是十分悲慘的火災，沒想到接下來還有悲劇持續上演。隔天，又從小石川與力[13]宿舍竄出火苗，火勢從水戶藩邸一路延燒，終於燒到江戶城內。江戶城連天守、二之丸、三之丸等處都遭到火噬，大受打擊，在家光時代建設的周邊大名與旗本屋敷也都付之一炬。

後來，又從現在的千代田區冒出火苗，連日比谷、芝，一直到港區，都遭到波及。經過三波火勢之後，才終於平息下來。

這場火災後來稱為「明曆大火」，對江戶地區造成了重大損害。

共計遭到燒毀的有約一百六十處藩邸、七百七十處旗本屋敷、三百五十座寺社，以及多達四萬八千萬戶民宅，受災面積約為當時江戶市區的六成。

明曆大火之後，幕府的城與街道都有了大幅改變。首先，燒毀的江戶城天守並未重建，而為了留下城內防火用的空地，將御三家與諸大名的屋敷移到城外。另外，也賜予各大名避難用的下屋敷。

另一方面，幕府建設了防止江戶市區延燒的廣小路[14]、火除地[15]、火除堤[16]等，打造成一座防災都市。

然而，最大的變化就是意料之外的火災造成都市損毀之後再次開發。

江戶東部的本所（墨田區）、深川（江東區）地區發展後，當初因為軍事考量而未連結的江戶市區

此時此刻的世界大事？

1661年路易十四開始親政

法國皇室在平息了國內混亂後，22歲的國王路易十四開始親自主政。握有絕對實權統治國家的路易十四擁有「太陽王」之稱，另一個為人熟知的事蹟就是打造凡爾賽宮。

與下總國，在架起兩國橋之後，連結了隅田川以東的地區。此外，由於江戶町人陸續移居到武藏野地區，也進行了新田的開發。例如，為了建設火除地而將居住地沒收的神田連雀町（千代田區），原先居住於此的部分町民便移居到武藏野，開發了連雀新田（三鷹市）。原本住在神田駿河台（千代田區）吉祥寺門前的人們移居後開墾新田，讓此地成了吉祥寺新田，也就是現在的吉祥寺（武藏野市）。明曆大火之後，現在的東京二十三區及多摩地區就在這樣的過程中逐漸納入「江戶」。

接下來江戶持續壯大發展，到了江戶

明曆大火

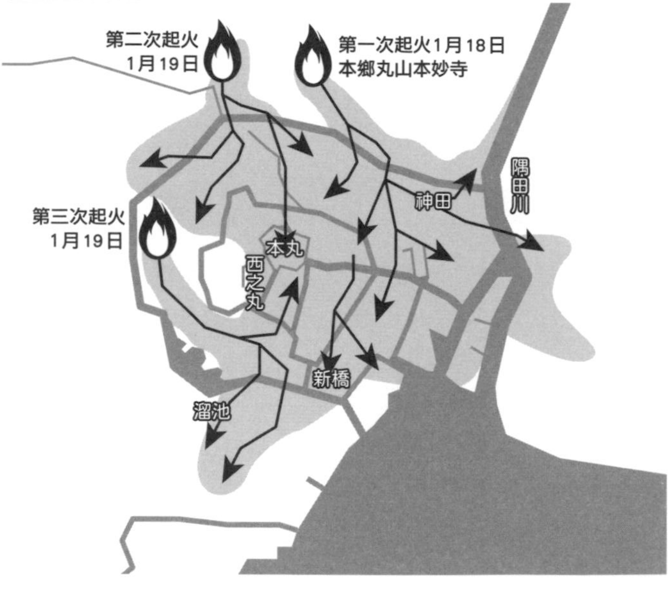

時代中葉已經是人口百萬的都市。這個人口數比當時的倫敦、巴黎、柏林還多，已成長為世界最大的都市。

10 乃指修繕房舍或建設道路橋樑等設施。另有傾多人之力共同打造之意。

11 驛站，類似現在的休息站、服務區。

12 標示道路里程的土塚。

13 與力乃基層武士職稱。

14 路幅較寬的道路。

15 防火避難空地。

16 防火堤。

column 2

江戶時代衰退的「天守」

城的功能大大改變
不再是過去的「城＝天守」

江戶時代，率領一群武士的將軍或大名會以江戶城、名古屋城等豪華的城為據點，執行政務。

不過，各位知道嗎？我們講到城都會立刻想到的「天守」，在這個時代其實已經衰退了。

所謂天守，原本是從城池防禦上、軍事上的觀點，為了遠眺一覽無遺而打造。但到了戰國時代後期，比起防衛更被視為「權威的象徵」，因此家康也在江戶城打造了天守。

然而，家康建立幕府之後，下達「一國一城令」，全國城池的數量因此大幅減少。此外，根據「武家諸法度」，城的改建需要經過幕府許可，因此天守的數量也陸續減少。

後來在強調「和平」之下，也愈來愈不打造天守了。

另一方面，明曆大火將江戶城天守燒毀之後，天下的江戶城也未再重建。沒有重建的理

現存的天守閣

由是當時以江戶市街的復原為優先，但反過來說，這也代表天守已經成了不需要立刻重建的建築物。

金澤城在燒毀後也沒有重建天守。因為已轉變為代表政治意義的城不再需要天守了。

換句話說，江戶時代的城不再等同於天守。

比起「強力」更重視「才智」——從武士到官僚

一六五一年（慶安四年），體弱的家光病逝之後，由其子德川家綱繼任第四代將軍。

在家綱就任將軍之前的時代，幕府的政治是以武力壓制各大名的「武斷政治」。然而，因為多數大名遭到改易，使得其家臣失去職業，出現大量牢人形成社會問題。

除了這樣的社會狀況，加上家綱就任將軍時年僅十一歲，一群對政治懷抱不滿的武士便趁機大肆批判幕府。

首先，在一六五一年（慶安四年）七月九日，身為德川家一門曾為三河刈谷藩主的松平定政，嚴厲批判「近來幕府相當強勢，反觀遭到捨棄的旗本，他們的貧困生活簡直慘不忍睹。」

定政為了防止因為對幕府不滿而引起戰爭，他提出將自己所有領地都捐出來並用來救濟旗本。不僅如此，他還落髮為僧，在江戶街頭到處沿街募款。

當時家綱才十來歲，輔佐他的保科正之，以及自家光一代的重臣松平信綱等人協議之後，決定將定政的行為當作「神智不清」來懲處。

不過，這是由德川一門自己人針對幕府不滿的特例。

在定政的處分決定後，短短四天，又發生了一起更具衝擊性的事件。

兵學家由井正雪與友人丸橋忠彌，為了救濟大批的無業牢人而策劃要反叛幕府（史稱「慶安事件」）。

這項計畫在執行前就有人密告幕府，成功控制。但之後接二連三對幕府的批判仍對年幼的將軍產生影響。

然而，輔佐將軍家綱的是保科正之這些優秀的幕府閣員。在他們協議之後，決定放寬「末期養子禁令」，這項原本禁止家主在死前決定收養養子的命令，也是導致牢人增加的主要原因。

此時此刻的世界大事？

1652年荷蘭統治開普敦殖民地

重視亞洲貿易的荷蘭，於歐洲到亞洲航線上的南非，打造了開普頓殖民地作為據點。這麼一來，要與包含日本在內的亞洲地區貿易就更加容易，建立起了荷蘭的優勢。

一六五二年（承應元年），再次有牢人的反叛計畫遭到揭發，後來實施了管理牢人的「牢人改制」政策，牢人的叛亂自此平息。

另一方面，家綱的治世到了後期由就任大老（臨時設於老中之上的職務，地位僅次於將軍）的酒井忠清掌握了絕對的權力。在他的主政下，禁止殉死、廢除證人制（將大名或重臣的家人當作人質留在江戶），這些都被視為德政，並有「寬文兩大美事」之稱。

雖然有與阿伊努的沙牟奢允之戰，以及伊達家的御家騷動等風波，但因為「和平」之下幕府鬆綁了許多限制，使得改易的大名數量減少。藉由「和平」實現，武士的作用也從過去重視「在戰場上的活躍」，轉變為注重「在政務上的活躍」。

換句話說，就是武士官僚化。

此外，家綱掌政期間家臣的活躍相當搶眼，也因為體弱多病的家綱與家臣討論時凡事都回答「就這麼辦吧」，讓他有「照辦大人」的稱呼。

話說回來，近年的研究顯示，其實在一些特別重要的場合，家綱都會在第一線清楚表達出自己的意願。

平常尊重家臣的決定，在重要的關鍵時刻由自己負起責任下達指令。這麼說來，家綱這位將軍或許意外是位「理想主管」吶！

成為「勝者」的淺井三姊妹老么

江

Gou

1573～1626

克服劇變的時代，成為將軍正室

江是淺井長政與市的女兒，但是在江出生後不久，淺井家就在1573年（天正元年）遭到織田信長滅門，母親的再婚對象柴田勝家也在1583年（天正11年）於賤岳戰敗，結果江就與兩個姊姊——茶茶、初一起受到秀吉保護。

江在經過一次離婚後，與秀吉的養子羽柴秀勝成婚。但秀勝在出兵朝鮮時病死，秀吉之後命江嫁給家康的三男秀忠。

後來，家康成立江戶幕府，在把將軍一職交給秀忠之後，江就成了「將軍之妻」。江的姊姊淀殿雖然身為秀吉側室也掌握權力，卻在大坂之陣落敗身亡，兩人的命運大不相同。

江在歷史上給人的印象多是把秀忠踩在腳下，並且相當善妒，但近年來愈來愈多人認為她認真扮演了將軍正室這個角色，還為秀忠盡心盡力。

第二章

動搖與改革的江戶中葉

——統治體制的安定化（1680～1745）

「和平」生財——江戶的經濟發展

到了幕府體制確定的第四代將軍家綱的時代，日本經濟有了大幅度的發展。因為街道、港口的建設，使得各地都市繁榮起來。

例如，此時日本的第二大都市大坂，就發展為商業都市。許多大名為了販賣年貢米及各地特產，而在大坂設置藏屋敷[1]，之後甚至有「天下廚房」之稱。尤以堂島（現今的北區、福島區）米市場最為出名，甚至當時全國買賣的米價基準就是在此訂立的。

此外，在江戶幕府成立前已是將近千年政治中心的京都，也從應仁之亂後的荒廢重振，以運用傳統的西陣織等美術工藝品再次繁榮。更有不少觀光客為了造訪古代寺社來到京都，使得這裡發展為現代化的觀光都市。

另一方面，作為基礎產業的農業，因為生產力發展的關係，過去只能供應年貢及自家食用的收成量，漸漸也有餘力生產多的米糧與蔬菜銷售。

除了新田開發，其他像是備中鍬、千齒扱等農業工具，以及宮崎安貞著作《農業全書》等農業書籍普遍，都使得農業效率大大提升。

日本的產業

工藝品
會津塗（會津）、九谷燒（加賀）
織品‧染物
西陣織、友禪染（京都）、大島紬（奄美大島）、久留米絣（福岡）
漁業
鯡魚‧鮭魚‧昆布（蝦夷地）、沙丁魚（九十九里濱）、鰹魚‧鯨魚（紀州沖、土佐沖）、青鮒（越中灘浦）
林業
飛驒、日田、伊那
四木三草
桑樹（上州）、構樹（鳥取）、漆樹（會津）、茶樹（山城）、紅花（出羽）、藍草（阿波）、麻（下野）

此外，「農業不能只靠稻米」、適地適產的意識也慢慢出現，桑樹、構樹、漆樹、茶樹這四木，加上紅花、藍草、麻這三草合稱「四木三草」為代表的商品作物栽培，也愈來愈興盛。

九十九里（現今千葉縣）的沙丁魚捕撈，紀州、土佐的鰹魚捕撈等漁業，以及支撐經濟發展的飛驒（岐阜縣）、日田（大分縣）、伊那（長野縣）等地的林業也持續發展。

陶瓷器等工藝品生產也變得興盛，像是加賀的九谷燒、會津的會津塗等知名產品，整個產業大幅成長，甚至還透過荷蘭出口到歐洲地區。

順帶一提，進口的荷蘭因為與世界各地進行這類貿易，以及控制殖民地的發展大幅獲利。然而，後來荷蘭主要進口商品的辛香料需求降低，棉織品與茶類的需求

此時此刻的世界大事？

1673年英國訂立宣誓法

為了對抗國查理二世以天主教為主的專制政治，議會訂立了宣誓法（Test Act），明訂只有採取中道的英國公教信徒可以擔任公職。這個立法過程導致擁護國王的托利黨與批判性的輝格黨形成對立，也連帶影響日後的兩黨體制。

增加之後，貿易地位就被以這些商品為強項的英國與法國後來居上了。

這樣的產業發展到了後來大大轉變了商業銷售的型態，進而出現以「現金．便宜．不二價」為口號，規模迅速成長的吳服店「三井越後屋」。

當時，做生意的對象一般都是大名或富商，但三井高利著眼庶民經濟發展，想出以「薄利多銷」的方式販賣商品給一般大眾，也就是現代常見的商業模式。高利的理論十分正確，在他這一代累積大量財富，成為富商。

他的成功代代延續下去，直到今日成為日本強大的企業集團，「三井集團」。

1 江戶時代各藩用來保管及銷售年貢米、特產的倉庫。

綱吉只是單純愛護動物嗎？──「犬將軍」的真相

一六四六年（正保三年），德川家光的第四個兒子誕生，也就是後來的江戶幕府第五代將軍德川綱吉。武士的家系原則上採取「長男繼承」，照理說以綱吉的地位是沒有在日後當上將軍的機會的。

實際上，家光的長男家綱成為第四代將軍後，綱吉身為將軍之弟，與長他兩歲的哥哥德川綱重同樣都獲得了十五萬石的領地。

話說回來，雖說兩人是兄弟，但從將軍萬一有個三長兩短，兩人都有機會繼任將軍的角度來看，他們同時也是「對手」。輔佐家綱的保科正之，將他們視為「同格」。一六六一年（寛文元年），綱重獲賜甲府二十五萬石，綱吉也獲賜館林二十五萬石，各自成為藩主。

然而，家綱並沒有能繼承將軍一職的子嗣，加上綱重也因急病而死。體弱多病的家綱在身體狀況走下坡之後，繼任將軍的機會便降臨到綱吉身上。

不過，在綱吉就任將軍一事上，卻受到大老酒井忠清的阻撓。

忠清反對綱吉接任將軍，原因是綱吉並非家綱直系，他並提出可以仿效過去鎌倉幕府從京都公家迎入將軍。不過，這項提案遭到日後成為有力大老的老中堀田正俊的反對，最後綱吉仍順利就任。

這段插曲在史料中也以「據說有這麼一回事」來介紹，至於是否為事實並不確定。

然而，綱吉並非「天生的將軍」，即使兄長死後，依照原本的繼承順位，家綱的姪子德川綱豐還在綱吉之上，加上家臣之間的派系，幾項因素都大大影響了日後的政權運作。

在周遭環境不穩定之下，綱吉終究於一六八〇年（延寶八年）就任第五代將軍，在一個不算是眾人歡迎的狀況下擔起政務。

綱吉就任將軍之後，對以往握有實權的

自第三代將軍家光到第六代將軍家宣

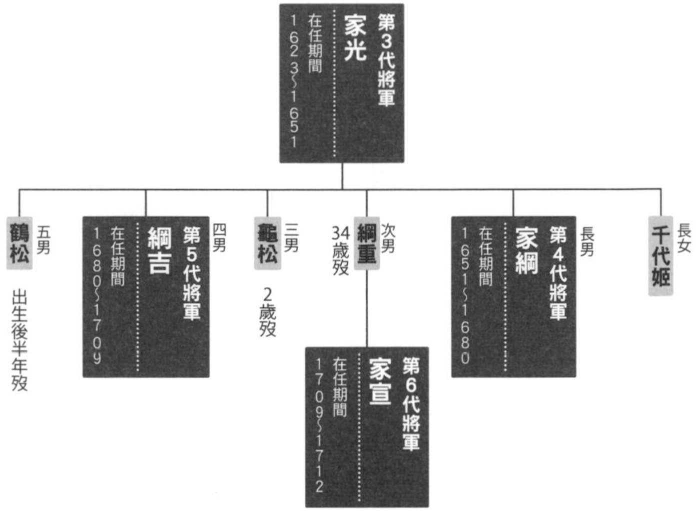

酒井忠清表示，「聽說你最近常生病，不如慢慢休養吧」，以此罷免他的職務。至於酒井忠清遭到免職的理由，多半認為是他處理越後高田藩的御家騷動，也就是「越後騷動」的裁定結果所致。越後騷動，是因推動藩財政重建的家老小栗美作，與不滿權力集中於小栗一人的一群譜代藩士之間，針對藩主接班人而掀起的風波。

忠清的裁定被視為偏袒小栗一方，藩內則懷疑小栗賄賂，陷入混亂。綱吉發現這個狀況後，在一六八一年（天和元年）親自重新裁定，下達嚴厲處分要求沒收越後高田藩的領地。

遭到處分的越後高田藩，是繼承家康之子結城秀康的名門「越前松平家」。如此高階的藩竟然只因為「藩主的統率能力太弱」就遭到懲罰，讓親近將軍的譜代大名及眾旗本大為震驚。事實上，相較於家綱時代，遭到懲

此時此刻的世界大事？

1682年，俄羅斯沙皇彼得一世登基

身為俄羅斯羅曼諾夫王朝的第四代皇帝，登基時年值十歲。彼得一世在當時僅為東歐一國的俄羅斯持續推動西歐化改革，並在與瑞典爆發的北方大戰中獲得勝利。自此之後，俄羅斯一躍成為東歐大國。

罰的譜代大名數量將近兩倍。

綱吉任命堀田正俊為大老，並與家綱時代不同，由將軍自己主導政局，開啟了「天和之治」。相對於家綱轉變為文治政治，放寬對大名的處罰，綱吉在這方面則嚴格執行。綱吉持續強硬主政，試圖再次奪回將軍絕對性的權威。

在綱吉的主政下，最大的問題就是幕府的財政困境。原因是年貢收入並無特別增加，但旗本的生活水準提升，導致幕府的支出變多了。此外，江戶前期曾經豐富的礦藏產量逐漸變少，也造成了影響。

於是，綱吉使用各種手段試圖控制支出，並增加收入。

首先，他本著儒教精神，要求眾人嚴格勵行節儉。此外，加強年貢的徵收，還罷免了許多未盡忠職守的代官及堪定方[2]官員。

然而，就算採取如此嚴格態度的改革，財政狀況仍未有好轉，幕府便繼續加碼在經濟上的限制。

另一方面，這個時期雖然大老堀田正俊的權力高漲，正俊卻在一六八四年（貞享元年）遭到遠房堂叔美濃青野藩主稻葉正休暗殺。至於暗殺的動機，眾說紛紜。有的說是正休神智不清，或是對正俊的獨斷專橫無法忍受，也有一說是兩人針對淀川工程費用負擔形成對立等，總之，雖然沒有明確的理由，但發生正俊的暗殺事件後，天和之治也走到了尾聲。

自此之後，綱吉與一群出身於過去館林藩家臣的旗本成為執政的中心。

另外，他捨棄老中，改用擔任將軍與老中仲介協調的「側用人」來輔助自己施政。

由此可見，在正俊死後，幕府出現的重大改變。

綱吉提拔柳澤吉保成為側用人、荻原重秀為勘定奉行，這些人都能發揮忠實的輔佐功能，實現綱吉自己的意志。

另一方面，且不論好壞，但讓綱吉留名歷史的「生類憐憫令」也是在這個時期頒布。

此時此刻的世界大事？

1683年台灣成為清國領土

有著日本母親的鄭成功，占領台灣後對抗清國。在他死後子孫仍持續抵抗，讓清國大傷腦筋。不過，在嚴格的海禁政策下失去收入來源的鄭氏，勢力減弱，最後仍投降清國。

綱吉公布像是「凡捨棄罹病的馬匹者判處死刑」、「大幅限制肉食」、「保護棄犬」等等各式各樣愛護動物的法令，並且對於違反者的處罰毫不留情。

生類憐憫令連帶大大增加了動物保護的費用，加上對於違反者處以嚴厲懲罰，遭到社會上一片惡評。甚至有人因此過度虐待犬隻表達抗議，就政策來說是嚴重失敗收場。

那麼，綱吉為什麼會制訂這樣的「惡法」呢？背後的原因是「體貼、關懷的心」，而基礎正是綱吉所重視的「儒教、佛教精神」。

綱吉不僅針對馬、牛、狗，另也下令「保護受傷的人」，違反這些規定就等於違反儒教中「仁」的教義。當時有股風潮，不能輕易放棄病人或傷患。

綱吉防止社會敗壞，讓儒教與佛教的教義深植人心，澈底推動「和平」、「文明化」。

然而，綱吉一遇到打雷就會異常恐懼，看到彗星還會和家臣商討，「這難道是上天的警告嗎？」總之對於天地異象顯得過度敬畏，也有人說他是「迷信家」。或許生類憐憫令的發布也是受到他個人恐懼的影響。

至於在財政方面，荻原重秀的政策中最有名的就是一六九五年（元祿八年）的「貨幣改鑄」。這項政策是減少貨幣中金、銀的含量比例，將重點放在增加貨幣的流通量。不過，由於新貨幣的品質太差，導致物價飛漲。

整體來說，綱吉的主政評價很差，甚至有些政策在將軍換人之後就立刻收回。

只是近年來對於生類憐憫令的相關理念重新評估後，也有人認為應該重新檢視綱吉的施政。

2 在幕府或諸藩從事財務相關行政的職員。

此時此刻的世界大事？

1694年英格蘭銀行成立

當時英國為了迎戰法國，需要戰爭經費，其中一項政策就是成立英格蘭銀行。這間銀行在戰爭之外也發揮實力，支持日後的工業革命與資本主義社會發展。

赤穗浪士不受原諒的理由——江戶的法治主義

提到「忠臣藏」，相信只要是時代劇劇迷都是耳熟能詳的。不過，忠臣藏的真實版也就是「赤穗事件」，在歷史上又代表著什麼樣的意義呢？

赤穗事件是一七〇一年（元祿十四年）赤穗藩主淺野內匠頭長矩，在江戶城內突然襲擊籌備江戶幕府儀式的「高家」[3]吉良上野界義央，自此掀起的一場風波。

至於長矩砍殺義央的原因，受到後來忠臣藏等作品的影響，很多人認為是「義央在籌備儀式時要求賄賂」等，也就是因為義央的貪欲，然而，實際狀況並不清楚。

這起事件幕府後來做了裁定。在江戶城內施暴的長矩不但得切腹，還遭到改易。另一方面，義央則不受處分。

從現代人的角度來看，只懲罰「無論有什麼理由，總之砍殺手無寸鐵之人」的長矩，確實是很合理的判斷。

然而，對於受到處分的長矩眾家臣來說，無法接受這項判決。因為主君改易不僅讓他們丟了工作，而且不但是主君連整個淺野家都要背負污名。

於是，以長矩之弟淺野大學長廣為首，一群人對幕臣展開各項行動，試圖振興主君家。豈料不但處分沒有撤回，眾所期待的長廣更遭到流放廣島藩。眼看著重振主君家的希望破滅，大石內藏助良雄便率領四十七名家臣，決定前進吉良宅邸為主君報仇。

隔年，一七〇二年（元祿十五年）這些人成功殺害義央，並將義央的首級供奉在長矩墓前。

這起事件從我們的角度來看，內藏助一行人的行為就是百分之百的「犯罪」。然而，做出處分的幕府其實也對於該如何因應傷透腦筋。

原因是內藏助等人報仇的動機，是堅守了當時社會上相當重視的價值觀，也就是「對主君的忠心」。

前面提過，當時在綱吉的施政下，綱吉相當崇尚儒教。儒教重視對主君效忠，因此，儒學家、諸大名及幕臣之間都有不同的見解。有人認為，「既然是為了主君報仇，情有可原」。

然而，最後由綱吉本人下達處分，命令內藏助之下所有人都要切腹，另一方面，吉良一方也遭到沒收領地的處罰。據說對吉良一方的處分是考量到要給淺野家的交代。綱吉在下達處分時是採納了儒學家荻生徂徠的意見。

他主張，「赤穗藩的滅亡原因是長矩荒腔走板的行為，並非遭義央滅亡，因此不能算是報仇。此外，一己的忠義也不得超過法治。然而，其中卻有令人同情之處，因此不處斬首之刑，令眾人切腹以保武士體面」。

這樣的意見從當時社會背景看來也相當合理，最後綱吉也採納了。

只是，這起事件卻贏得大眾的同情。事情發生幾個月之後，便有以赤穗事件為主題的戲劇上演，接下來雖然劇本和演出單位不同，但直到昭和時代仍誕生了許多作品。尤其以事件發生四十六年後上演的淨琉璃《假名手本忠臣藏》最受好評，成為

浪士　擁護派與否定派

擁護派

林信篤

犯法就該受罰，另一方面稱讚浪士為義士，「眾人為忠臣義士，因此表達不平，貫徹志向」。

室鳩巢

視浪士為義士，向加賀藩主提出。

三宅尚齋

認為繼承主君之志乃家臣忠義的表現。

否定派

荻生徂徠

在法治面上處刑才合理。

佐藤直方

進入吉良宅邸報仇即是重罪。沒有立即自裁，實在稱不上義士。

■浪士自殺後超過十年引發第二次爭論

義士否定論：太宰春台、牧野直友、伊良子大洲

批評義士否定論：五井蘭洲、河口靜齋、伊勢貞丈、山本北山、佐久間太華

歌舞伎代表，大受歡迎的狂言。內容批評將軍的「忠臣藏」之所以流行，原因就是綱吉與側用人柳澤吉保的施政不受歡迎，也代表了對這個時代政治的批判。綱吉與吉保在死後仍遭到批評，在「忠臣藏」的世界成為反派，有不少時代劇劇迷對他們的印象都不好。

話說回來，幕府一方終究依法執行懲處。意即，如果要說忠臣藏這起事件在歷史上的定位，可說是江戶幕府的法治主義超越了過去武士的價值觀，明確展現了「天下之義」。

3 原指家格高尚、有權勢的家族，江戶時代成為職務名稱，主管幕府各項儀式典禮。

column 3

江戶時代的身分制度

持續重新定位的「士農工商」身分制度

江戶時代的身分制度以豐臣秀吉實施的「兵農分離」為原則，在幕府成立之後重整、建立而成。

建立起的身分制度雖以「士農工商」來表達，但其實這個詞在近期一些教科書中並不會提到。

話說回來，「士農工商」一詞是用來說明古代中國的社會階層，也適用於江戶時代。但實際上武士之外的「農工商」的關係並無上下高低，而即使是同樣身分，上級武士與下級武士的地位差異相當大，此外，還有很多人並不包含在這幾種身分之內。

江戶時代中葉之後，出現了武士之外具備經濟能力的階級，稱為豪商或豪農，另一方面，由於武士窮困，經常會向這些人借錢。

財政陷入窘困的藩會以「讓富有的庶民買下武士身分」這種方式來生財。到了江戶時代

後期，還有窮困的武士會讓町人收養。

由此可知，江戶時代的身分制度並不像我們想像中的絕對而不可變動。

然而，從「有錢就能特地買到武士身分」這件事也可知道，不少人還是嚮往武士的身分。另一方面，基本上仍是以出生的家庭來決定一個人的職業與身分。

從倫理學到自然科學——學問的進步

由於綱吉對學問重視的態度，使得元祿時代的學問有大幅發展。

回顧江戶的學問史，最主要就是儒學，尤其是儒學之中的一派，「朱子學」。

江戶前期，向朝鮮儒者姜沆請益儒學的藤原惺窩被視為日本儒學之祖，他的弟子林羅山自德川家康到家綱這四代將軍都是御用學問指導。一六三〇年（寬永七年）於上野（現今東京都台東區）開設家塾，儒學也在幕臣之間逐漸普及。

江戶時代主要的儒學家

朱子學派

藤原惺窩
朱子學派之祖

林羅山
侍奉德川家康

堀杏庵
淺野長晟、德川義直的儒官

那波活所
德川賴宣的儒官

松永尺五
有超過五千名門生（木下順庵、安東省菴、貝原益軒、宇都宮遯庵）

南學派

南村梅軒
南學派之祖

谷時中
門生：野中兼山、小倉三省、山崎闇齋

山崎闇齋
接受會津藩主保科正之的援助
門生：佐藤直方、淺見綱齋、三宅尚齋

此外，羅山的工作不僅在推廣儒學，也負責編纂幕府的歷史與譜系。他所整理的《本朝編年錄》，之後由其子林鵞峯完成，成為《本朝通鑑》。

這類的修史事業，其他廣為人知的還有「水戶黃門」主角德川光圀開始編纂的《大日本史》。

接下來，到了試圖轉換到「文治政治」的家綱時代，幕府為了以儒學教義也就是儒教來穩定政局，更是推廣學習。

另一方面，幕府開始出現控制朱子學之外的儒學的舉動，像是研究儒學之中古學的山鹿素行，在一六六六年（寬文六年）因為「著作內容不當的書籍」而遭受處分。話說回來，由於輔佐家綱的保科正之是熱衷的朱子學學徒，也有人認為他是因為個人喜好而下達這次處分。

此時此刻的世界大事？

1667年米爾頓出版了《失樂園》

英國詩人米爾頓（John Milton）以亞當、夏娃吃了智慧果實遭逐出伊甸園，也就是著名的《創世紀》為基礎，創作了敘事詩《失樂園》。本作對於惡魔撒旦有英雄式的描寫，對於後來的「惡魔觀」造成很大的影響。

由這個例子可知，並非所有儒學家都會獲得幕府的重用，但到了綱吉的時代，由於他本身的好學，相對地儒學家的地位也大大提升。

綱吉任命持續侍奉將軍的林家林信篤擔任大學頭[4]，加強過去附屬於佛教的儒學獨立性。

綱吉不僅接受儒學家的課程，本身也很熱中教學，甚至對大名教授《大學》、《論語》等儒教古典。綱吉更祭祀儒教始祖孔子，接收林家經營的私塾後，設置幕府學術機構湯島聖堂等，建立起傳承至後世的幕府教育體系。

受到綱吉重用的儒學家有許多類型。例如，在赤穗事件時意見受到採納的荻生徂徠，就是對朱子學加以批判的古文辭學派儒學家。其他像是提倡獨門古義學的儒學家伊藤仁齋，他的課程大受歡迎；家綱時代遭到冷落的陽明學熊澤蕃山，也曾一度出仕幕府。

再者，這個時代不僅儒學，其他像是實用性的學問「實學」也有重大發展。

首先，建立起日本特殊的算數——「和算」。一六二二年（元和八年），毛利重能這號人物出版了一本最早的和算書籍《割算書》，內容整理歸納出使用算盤的計算方法。

之後，據說是他弟子的吉田光由著作了《塵劫記》的和算書，以落實活用和算而廣受矚目。

在和算方面集大成的是關孝和，他發展出許多計算方式，以現代人所知像是多元聯立方程式、行列式、球體表面積等。他也將這些研究成果傳承給多位弟子。不過，沒有人知道他學習數學的過程，是個相當神祕、謎樣的數學家。

和算的發展對於土木技術、測量術的進步都有貢獻，可以進行正確且多樣化的計算。

另一方面，當時日本的曆法採用的是於九世紀制訂的中國「宣明曆」，但因為太過老舊，明顯與實際上有落差。

在幕府擔任碁師（圍棋達人）的澀川春海察覺到這個現象，一六七三年（延寶元年）便以碁師身分提出宣明曆的缺失，並進一步請求改曆，但由於舊習慣的門檻太高，改曆一事始終無法落實。

然而，在其他熱中曆法的研究者及有力人士努力下，幕府終於在一六八四年（貞享元年）同意改曆，並在隔年採用了澀川春海製作的新曆法「貞享曆」。在這之後，春海受到綱吉重用，作為幕府天文方[5]有出色的表現。

此外，同一個時期由於商品作物的普及，針對可以當作藥物的動植物與礦物鑽研的「本草學」領域也有大幅發展。

貝原益軒著作的《大和本草》，內容除了藥草之外，也介紹農作物與雜草等植物，可以看出本草學從單純藥種研究，進展到後來博物學的脈絡。後來，稻生若水奉加賀藩主前田綱紀之命，完成了開始編纂的鉅作《庶物類纂》，堪稱集本草學之大成。

另一方面，隨著本草學的進展，醫學也提升不少。只不過當時的醫學書籍幾乎全倚賴中國的見解，多半與儒教脫離不了關係。而醫師大多為儒學家兼任，要等到江

此時此刻的世界大事？

1682年哈雷彗星接近地球

英國學者愛德蒙·哈雷（Edmond Halley）發表預測，表示在1682年接近地球的彗星，會以大約76年為週期回歸。該彗星正如預測，在76年後的1758年觀測到再次接近地球，便以他的名字將彗星命名為「哈雷彗星」。

戶時期後半，才迎來現代化的西洋醫學知識。

由以上的介紹可知，這個時代各個領域的學問都有卓越迅速的發展。不僅包括儒教在內的文科學問，其他像是天文學、本草學這類理科學問也有傲人的高水準。

4 日本古代大學的最高行政長官。

5 江戶幕府設置的機構，執掌天體觀測與曆法編制。

文化的中心在京都——高度發展的元祿文化

綱吉主政的時代，雖然在政治方面讓庶民愈來愈不滿，但學問水準提升，文化也有大幅發展。

江戶時代初期，過去擔任文化推手的朝廷、寺社，因為從室町到戰國時代的混亂而走下坡。然而，在家康開設江戶幕府之後，天皇、公家以及僧侶皆以「精進勵學」為己任，也由於有對這些人的支援，得以重振傳統文化。

尤其朝廷也重視「有職（研究朝廷儀式）．和歌．儒學」，在江戶幕府於文化上展現讓步妥協的態度下精進學問。

另一方面，身在京都的武士、豪商也頻頻與朝廷交流，形成獨特的文化沙龍。俵屋宗達、本阿彌光悦等上級町人也經常在這類沙龍露臉，樂於交流，並且發揮多樣才華，本身也以藝術家之姿大放異彩。

宗達有〈風神雷神圖屏風〉傳世，光悦則留下〈舟橋蒔繪硯箱〉等作品，現在都是眾所周知的國寶。

這些以京都為中心的文化定位為「貴族文化」，不稱為大眾文化。不過，到了元祿時代，卻形成由貴族文化彰顯的「雅」，與京都町人具備的「俗」，兩種精神混雜融合的文化。

首先，在文藝的領域有井原西鶴、松尾芭蕉、近松門左衛門等，不僅代表江戶時代更代表日本文化的幾位作家登場。

井原西鶴原本是位出色的俳諧師，但面對蕉風俳諧席捲社會的盛況下，他轉為創作稱為「浮世草子」類別的小說，多以風流韻事、戀愛為主題，描寫過著及時行樂的町人生活。

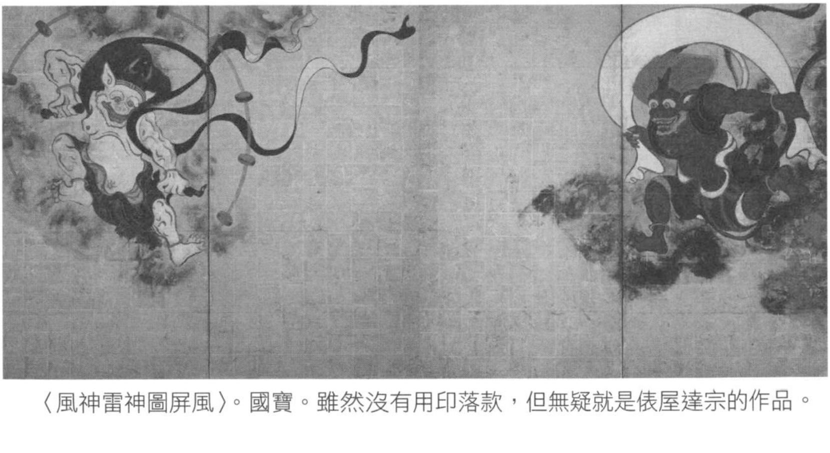

〈風神雷神圖屏風〉。國寶。雖然沒有用印落款，但無疑就是俵屋達宗的作品。

一六八二年（天和二年），他的代表作，同時也是帶動浮世草子流行的關鍵傑作《好色一代男》出版。這部作品統整了主角「世之介」自七歲到六十歲與眾多女性的交遊過程，作品中可窺見受到《源氏物語》、《伊勢物語》的影響。

然而，本作最大的特色就是透過男女情事的描寫，聚焦於形形色色的女性生活樣貌。這一點在有「女性故事」之稱的《源氏物語》等作品也看得到，但本作裡的主角「世之介」之名不過只代表「當代男性」，也就是故事主角幾乎沒什麼存在感。

西鶴以殉情、通姦等社會事件為題材，纖細描繪人們的真實面貌，因而成為暢銷作家。

松尾芭蕉本來是廚師，在侍奉的主君過世之後，才開啟了他的俳諧師生涯。

當時俳諧的領域是以西山宗因成立的談林派為主流，在全國各地出現許多俳諧愛好者。另一方面，這個時候俳諧仍被視為深植日常的大眾文學，尚未當作藝術來評論。

就在此時，芭蕉旅行日本全國各地，創作出讓人感受到「侘寂」的文句。他在平泉（現今岩手縣）吟詠的名句「夏日草淒涼，功名昨日古戰場，一枕夢黃粱」，即使到了現代仍廣為人知。

他的作品集《曠野紀行》、《奧之細道》等俳諧文學引起廣大迴響。在俳諧領域中帶來重

松尾芭蕉的旅遊路徑

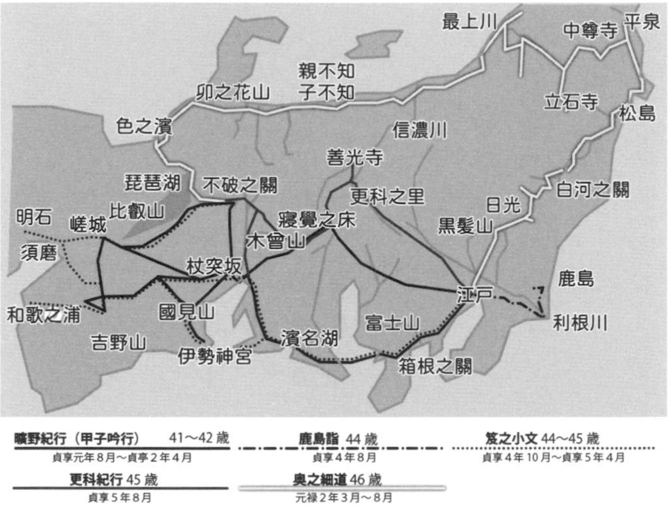
最上川
平泉
中尊寺
親不知
子不知
卯之花山
立石寺
松島
色之濱
信濃川
善光寺
琵琶湖
不破之關
更科之里
白河之關
日光
明石
嵯峨
比叡山
寢覺之床
黑髮山
木曾山
須磨
杖突坂
鹿島
江戶
和歌之浦
國見山
富士山
利根川
吉野山
濱名湖
伊勢神宮
箱根之關
曠野紀行（甲子吟行） 41～42 歲
貞享元年 8 月～貞享 2 年 4 月
鹿島詣 44 歲
貞享 4 年 8 月
笈之小文 44～45 歲
貞享 4 年 10 月～貞享 5 年 4 月
更科紀行 45 歲
貞享 5 年 8 月
奧之細道 46 歲
元祿 2 年 3 月～8 月

視「侘」、「寂」的松尾芭蕉流，也就是「蕉風」的新風潮，同時也讓俳諧昇華到藝術的層級。

西鶴與芭蕉作品流行的背後，與印刷技術迅速發展也有關係。因為技術提升帶動出版事業，書籍也隨之普及。

另一方面，在戲劇領域大展身手的則是近松門左衛門。他在十幾歲時於京都市中流浪，侍奉公家，學習了許多與古典相關的知識。

直到他撰寫淨琉璃的劇本，為當時古典風格強烈的淨琉璃界引進了創新的故事，一七〇三年（元祿十六年），後來成為其代表作的《曾根崎心中》[6]首次上演。

門左衛門善於巧妙描寫在義理與人情之間左右為難的人物，獲得人們的共鳴。他以歌舞伎作者也留下許多劇本，此外，與人形淨琉璃劇場竹本座創設者竹本義太夫搭檔演出的《出世景清》等作品也很著名。

正如門左衛門與義太夫活躍為代表，元祿時代在歌舞伎與淨琉璃這類戲劇領域有重大發展。當時的流行作品之中，有不少劇碼至今仍持續演出。

再來看看美術的領域，畫家尾形光琳與陶藝家尾形乾山，這對兄弟也是在這個時期活躍

〈紅白梅圖屏風〉。國寶。尾形光琳作品。光琳雖然未直接由俵屋宗達傳授，卻仍深受他的影響。

發展。兩人出生於以吳服屋起家的豪商之門，個性卻恰巧相反，相對於喜愛花俏的光琳，乾山則走平實路線。

哥哥光琳繪有〈燕子花圖屏風〉、〈紅白梅圖屏風〉等傑出畫作，弟弟乾山則創作出許多知名的陶藝作品。

此外，由西鶴確立的「浮世」概念，也出現在繪畫的領域。所謂的「浮世繪」便誕生在這個時期，菱川師宣的代表作〈美人回眸圖〉據說就是浮世繪之祖。

除了這些文藝、美術之外，在都市與鄉村也看得到許多祭典、全年各項儀式、寺社活動等，這些多樣化興盛的文化，通稱為「元祿文化」。

只不過，元祿文化主要的推手仍是在京都、大坂及其周邊的富裕商人階層，這時江戶庶民仍未成為文化推手。要等到江戶時期的後半，江戶庶民才開始活躍。

6 「心中」為殉情之意。

比將軍更搶眼的部屬——正德之治

眼看著第五代將軍綱吉已經五十九歲，膝下卻沒有能繼承的男孩。綱吉決定收養養子，由養子接任將軍。

這名養子就是先前提過，綱吉之兄——德川綱重的兒子。

綱重年紀輕輕就過世，沒能成為將軍，機會卻降臨在他兒子的身上。於是，成為綱吉養子的德川家宣便就任第六代將軍。

然而，家宣的前途仍充滿課題。前面提過，綱吉非常不受庶民喜愛，加上此時遭逢大雨、火災、地震、富士山火山噴發等天災頻傳，社會日漸不安。

家宣就任將軍時已四十八歲，相較於歷任將軍算是年齡較高者。

他擬定政策，目的在改革風評不佳的綱吉施政。

首先，將過去受到綱吉重用的柳澤吉保逐出政治中心，由家宣自己在甲府藩主時代的家臣組成核心小組。至於惡名昭彰的生類憐憫令，也在綱吉死後短短八天內就予以廢除。

但家宣並非作為將軍推動專制政治，而是和綱吉一樣，在施政時重要側用人與親信。在家宣身邊效力的是一直以來侍奉家宣的側用人間部詮房，以及儒學家新井白石。

詮房是家宣的小姓[7]，白石則像是家宣的老師，兩者若是沒有家宣的提拔，原來都不可能在政治中樞握有權力。這與綱吉重用館林藩出身的柳澤吉保相當類似，很明顯地，都是為了防止親近幕府的譜代大名參與政治。

詮房與白石主導政局的這段時期，稱為「正德之治」。

首先，家宣迎娶天英院為正室，天英

綱吉政權下的天災

- **延寶8　（1680）** 大風雨、暴潮。出雲饑荒。
- **天和2　（1682）** 江戶大火。「於七火災」。
- **天和3　（1683）** 日光連續發生地震。
- **貞享4　（1687）** 京都大風雨、江戶地震。
- **元祿8　（1695）** 奧羽、北陸饑荒、江戶大火。
- **元祿11（1698）** 敕額大火。
- **元祿15（1702）** 奧羽、蝦夷地饑荒。
- **元祿16（1703）** 四谷伊賀町到芝地區大火。元祿地震。
- **寶永元（1704）** 淺間山火山噴發。
- **寶永4　（1707）** 10月，寶永地震。11月，富士山寶永噴發。
- **寶永5　（1708）** 京都大火。大坂大火。

院是近衛基熙之女，近衛基熙為公家，並且擔任關白一職，家宣便藉由基熙拉近幕府與朝廷的距離。白石也很重視與朝廷之間的關係，一七一〇年（寶永七年），在他的建議下，創設了以穩定確保皇族繼承者的閑院宮家。

接下來，白石改變了來自朝鮮的通信使往來的外交文書用詞。在家光之後，從朝鮮發出的外交文書中皆以「大君」代表將軍，白石卻下令指示改以「國王」稱呼。

這是因為「大君」之稱在朝鮮代表天子，很容易與天皇混淆，因此希望建立與朝鮮國王對等的關係。

另一方面，因為農作歉收、饑荒等導致

江戶時代的宮家

稱號	親王	繼承關係
高松宮	好仁親王	後水尾天皇（108代）之弟
有栖川宮	幸仁親王	後西天皇（111代）之子
有栖川宮	正仁親王	幸仁親王之子
有栖川宮	職仁親王	靈元天皇（112代）之子
閑院宮	直仁親王	東山天皇（113代）之子
閑院宮	美仁親王	直仁親王之孫

疲弱已久的經濟，財政上一直以來都由在綱吉時代握有實權的勘定奉行荻原重秀主導。事實上，白石曾多次主張「應該要罷免重秀」，卻因為家宣的決定讓重秀始終在位。

經過多次懇求，重秀終於在一七一二年（正德二年）被免職，白石糾舉出重秀的罪刑且提出增加年貢收入的政策，但家宣就在這一年身亡。

接下來，由家宣之子德川家繼成為第七代將軍。但他當時僅僅四歲，自然無法主政，一時之間也有人提出應該由尾張藩主德川吉通接任將軍。

即使如此，最終結果仍是家繼成為將軍，一般認為這下子擔任輔佐的詮房與白石兩人的地位應該會很穩當。

沒想到，到了這個時期，過去長久被迫遠離政治中心的多位譜代大名感到不滿，進而威脅到兩人的地位。

此時此刻的世界大事？

1713年腓特烈·威廉一世登基為王

持續成長為強國的普魯士（後來的德國），在腓特烈·威廉一世登基為王後，啟用稱為「Junker」的土地貴族為官僚或軍人。他致力於強化軍武，甚至有「士兵王」的稱呼，也讓普魯士的軍事能力有大幅提升。

之後，發生了一起讓白石等人地位不保的關鍵事件。一七一四年（正德四年），在大奧侍奉家繼之母月光院的繪島等人，在參拜寬永寺、增上寺途中，於山村座與繪島觀賞歌舞伎演員生島新五郎的戲劇，之後還參加了酒宴，流連往返的結果就是錯過門禁，犯下大錯。這起事件如果發生在現代，大概責備幾句就能了事，但當時大奧內的女性紀律敗壞是相當嚴重的問題，包括繪島及其兄長，還有很多相關人物都受到處罰。

繪島之罪後來雖因為月光院求情而獲得減刑，這場風波之後仍稱為「繪島・生島事件」。這件事會造成轟動的背後，據說是在大奧的月光院與家宣正室天英院之間的勢力鬥爭。月光院支持白石與詮房，天英院則力挺與他們對立的譜代大名。

繪島・生島事件之後，月光院的勢力下滑已成定局，連帶白石與詮房的地位也不保。白石雖然藉發行正德金銀改鑄貨幣，以及因為公布海舶互市新例而防止金銀流出海外等，擬定多項經濟政策，但依舊無法扭轉他的地位。

接下來，出現了對月光院及他們倆最大的不幸。那就是一七一六年（享保元年），年僅八歲的將軍家繼因病身亡。

家繼雖然年紀小小，據說非常聰明，並且已與靈元天皇之女八十宮訂下婚約而提升權威，他一死，代表了以他為最後倚靠的月光院一派就此失勢。至此，正德之治宣告結束。

在這之後，白石與詮房失去勢力，但白石在政治之外仍有諸多功績，在此一併介紹。

白石原本就是個儒學家，他將各大名的譜系與家傳整理集結成《藩翰譜》，把教授家宣的日本史課程資料編彙為《讀史餘談》，並將與為傳教來日後被捕的傳教士西多契（Giovanni Battista Sidotti）之間的互動集結成《采覽異言》、《西洋紀聞》，還有記述他自己與家宣、家繼交流的類自傳《折焚柴記》等，留下諸多優秀著作於後世。

白石學問涉及的領域不僅在哲學、倫理學與史學，其他還包括語言學、文學、民俗學，範圍甚廣。因此，作為學者他也獲得極高的評價，當時他被譽為「日本最優秀的詩人」，《白石詩草》這本漢詩集在朝鮮、清國、琉球等外國都受到絕佳迴響。

正德之治最終半途而廢，他的很多政策都因為「享保改革」而改變方向，但身為學者的成就卻始終未滅。

7 過去一種武士的職務，主要負責武將身邊的雜務。

暴坊將軍登場——德川吉宗

在綱吉主政下極其混亂的一六八四年（貞享元年），紀州德川家誕生了一個男嬰，名叫「德川吉宗」，他是眾位德川將軍之中知名度極高的一位，大家在課本、教科書上一定都看過他的名字。

他出生的紀州德川家，是作為萬一將軍後繼無人時的後補列選，與尾張德川家、水戶德川家這兩支德川家支系共稱為「御三家」。

光看這樣的說明，會覺得吉宗接任將軍也很合理。然而，他其實是「紀州德川家的四男」，換句話說，遑論將軍，就連有沒有資格成為紀州當主都很難說了。吉宗若是沒有分家，自立門戶，很可能一輩子都得過著寄於兄長籬下的生活。加上吉宗的母親身分低微，在成長過程中吉宗就受到與兄弟間不同的待遇。

沒想到，他在一六九七年（元祿十年）獲得越前丹生郡（現今福井縣）三萬石領地。關於此事有個小插曲。吉宗之父，也就是紀州藩主德川光貞，在將軍綱吉出巡紀州邸時，帶著幾個兒子前往問候，但因為吉宗身分低微，原本是要他待在另一個房間裡。沒想到老中大久保忠朝說，「光貞大人還有其他孩子」，綱吉便喚來了吉宗並賜予領地。

雖然有了領地，但吉宗仍是「紀州的老四」，直到一七〇五年（寶永二年）才出現扭轉命運的事件。

這一年，身為長男的紀州藩主德川綱教過世，由於次男早已死亡，因此由三男德川賴職繼位為紀州藩主。豈料賴職也在該年死亡，而他們的父親也過世了。

藩主接二連三身亡的緊急狀況，照理說是極其不幸，對吉宗而言也是一場苦難，但也因為這樣的事態急轉直下，讓吉宗得以接任紀州藩主，一舉登上歷史舞台。

吉宗成為紀州藩主的時代，包含幕府在內，全國各藩的財政狀況都日漸惡化。吉宗提出重整紀州藩財務的政策，除了貫徹節約減少開銷，也重用擅長農政與土木技術的人才，希望以大規模開發新田以及整治用水來增加

此時此刻的世界大事？

1707年大不列顛王國成立

原先由同一個君主統治兩個國家，也就是「共主聯邦」政治體制下的英格蘭與蘇格蘭，在此刻正式成為一個國家。之後又將愛爾蘭併入，而南愛爾蘭地區則獨立，直到成為現在的英國。

收入。

同時，他也四處聽取來自庶民的聲音，並致力於表揚優秀的領民與推動教育。結果在財政改革上大獲成功，甚至聲名遠播江戶，連當地也知道「聽說紀州藩主相當優秀」。

即使如此，吉宗仍不過只是「紀州的優秀藩主」，並未因此為他打通登上將軍大位之路。事實上，在他就任紀州藩主的一七〇五年（寶永二年），那時第六代將軍家宣仍健在，並且在一七〇九年其嫡男家繼誕生。在這個時間點，根本沒有吉宗出場的份。

沒想到，一七一六年（享保元年），吉宗再次因為偶發事件獲得機會。如同前面介紹，將軍家繼在此時過世了。

年僅八歲的家繼，當然沒有接班子嗣。家宣其他的孩子也陸續在幼年夭折，即使想仿效當初綱吉尋找家宣的兄弟，但家宣本身體弱多病，也沒有符合的人選。

這時候，大家就想到為了緊急狀況而存在的御三家。首先，是家繼在繼承將軍一職時，另一位很有機會的候選人——尾張德川家的德川吉通，沒想到在家宣死後也離世了。而他的兒子五郎太不久也身亡，尾張藩主就由吉通之弟德川繼友接任。

即使如此，若以一般將軍繼承的順序來說，仍是繼友接任將軍的機率最高。畢竟，在御三家之中格位最高的就是尾張德川家。

不過，最終結果將軍的內定接班人為吉宗。至於為什麼會選出吉宗擔任將軍，眾說紛紜，不確定真正的原因。

有人認為，繼友在家宣臨終時並未受到輔佐家繼的遺命，收到遺命的是吉宗與水戶德川家的德川綱條，由此可看出紀州的家格有所提升；另外也有人說是吉宗因為藩政優秀才雀屏中選，然而，考量到將軍血脈中斷的危機，這很可能是紀州家與尾張家激烈政爭之後的結果。

再者，吉宗自就任紀州藩主到登上將軍大位，這段時間在他身邊的人似乎都在巧妙的時間點過世，甚至有人提出了陰謀論。

御三家

	尾張家	紀伊家	水戶家
初代（與家康的關係）	義直（九男）	賴宣（十男）	賴房（十一男）
石高[8]	62 萬石	56 萬石	25 萬石
官位	從二位 權大納言	從二位 權大納言	從三位 權中納言
附家老※	成瀨家、竹腰家	安藤家、水野家	中山家
將軍	—	吉宗（第8代）、家茂（第14代）	慶喜（第15代）

※由幕府指派的家老

無論如何，吉宗接任將軍一事對於江戶幕府而言極具關鍵性。因為，這代表了自德川秀忠開始代代傳承的「德川宗家」血統就此中斷。

這同時表示接下來吉宗的血統，也就是將由紀州德川家來延續將軍一職。這對其他的御三家，尤其原本家格較高的尾張德川家來說，是相當致命的一擊。實際上，吉宗與尾張德川家的對立也在日後浮上檯面。

即使如此，在一七一六年（享保元年）登上將軍之位的吉宗罷免了新井白石、間部詮房等人，啟用在紀州藩時代的家臣有馬氏倫、加納久通，以及以「大岡越前」之名廣為人知的旗本大岡忠相等人，並著手展開江戶時代最大的改革——「享保改革」。

8 用以表示土地生產力的制度，並沿用來代表受薪階級的俸祿。

column 4

大岡政談

「大岡裁決」實際上不存在？時代劇與史實的差異

相信只要是時代劇忠實觀眾沒有人不知道「大岡越前」，也就是大岡越前守忠相。他以公正寬大又富有人情味的判決拯救庶民，那些「大岡裁決」集結而成的《大岡政談》，直到現代仍廣受眾人喜愛。

然而，收錄在《大岡政談》裡的故事，其實絕大部分都是過去在日本或中國流傳的判決。

換句話說，《大岡政談》是集結了歷史上著名的判決，當作大岡越前政績的虛構著作。但大岡忠相這個人確實存在，因此也不全然都是虛假。那麼，實際上忠相又是什麼樣的人呢？

出生旗本之家的忠相，身為幕臣可說一路平步青雲，在享保改革開始後，他便做為町奉行、寺社奉行，並有出色的表現。

他是個優秀的官員，無論在都市政策、農政政策、經濟政策，或是整頓官僚機構、公文系統上都相當盡力，加上公正大方的態度廣受

「大岡裁決」中著名的「兩母爭子」場景乃虛構，出自中國的判決故事。

眾人歡迎。同時，他也是當時幕府立法、司法機關評定所的組成人員，實際上也擔任裁判官。

忠相的優秀直到他死後仍持續為人傳頌，並成為庶民娛樂的歌舞伎與說書中的主角。為了讓故事情節更有趣，內容會有些誇張，最後成為《大岡政談》這部虛構作品。

由此可知，他大受歡迎的程度，甚至讓市井小民在無意間就吹捧了他的政績。

結果成功？還是失敗？——享保改革

吉宗花了將近三十年推動的「享保改革」由於範圍廣泛，這裡將分門別類介紹各項成果。

首先，自綱吉時代幕府最大的煩惱就是財政問題。對此，吉宗指示要全面節約，自己也澈底落實。同時，他還下令禁止製造奢侈品，努力緊縮消費。

另一方面，在增加收入的政策上，引進了大名領地每一萬石就要上繳一百石米糧給幕府，並將參勤交代停留在江戶期間減半的「上米制」。其他還有像是獎勵開發新田、整治用水，命令蘭學[9]家青木昆陽栽培甘薯等，祭出各式各樣的政策。

結果，改革有成，財政趨於穩定，甚至在一七三一年（享保十六年）廢除了上米制。吉宗對米價政策用心良苦，為他換得了「米將軍」的稱號。

接著來看看吉宗的江戶改造計畫。吉宗任命大岡忠相為江戶町奉行，由他組織以町人為成員的消防部隊「伊呂波四十七組」（いろは四十七組）[10]。這支消防隊在防止江戶火災上表現出色，被稱為「江戶之華」。

其他像是將町屋的屋頂、住宅改成不容易延燒的瓦、貝類，設置防止延燒的防火巷等，推動都市改造時以防火為主。

這代表了雖然有之前明曆大火之後的江戶改造，但在住宅密集的江戶街道來説，仍不易防止火災。

另一方面，吉宗也著手整頓幕府的官僚體系。一七二三年（享保八年），吉宗推動了「足高制」。

過去是依照家格來支付祿米，並由此支付執行職務需要的經費。不過，優秀的人才未必只存在於家格高的人家。

吉宗之舉以現代的説法就是依照職務訂出「基本工資」，若是家格低的人從事該項職務，基本工資與家祿的差額就由幕府來給付。有了這項政策，優秀但家格較低的人才也能保有就任職務的經費，愈來愈多人能

此時此刻的世界大事？

1722年清國康熙逝世

南部勢力崛起反叛的「三藩之亂」擴大下，清國因而瀕臨危機，這時年僅二十歲卻發揮卓越領導能力扭轉局勢的，正是康熙帝。在康熙的主政下，清確立了統治中國的地位，也讓他有「大帝」之稱。

夠出人頭地。

這也帶動了吉宗的智囊荻生徂徠以呈給將軍的獻策書《政談》來提倡書記職與公文管理的重要性，對文書主義的普及很有貢獻。事實上，吉宗對於實務科學、天文學甚至蘭學都很熱衷，在文化教養上有很高的造詣。

另一方面，吉宗命荻生徂徠將清國普及的教育書籍《六諭衍義》標示日文讀音，接著更下令儒學家室鳩巢翻譯成日文版本《六諭衍義大意》，要求庶民學習。自此，《六諭衍義大意》成了當下的教科書。

吉宗在一七二一年（享保六年）設置目安箱收集庶民的意見，還因此設立了免費的醫院小石川養生所，實施嘉惠庶民的政策。

另一方面，重新定位將軍家，像是實施日光參拜表達對家康的尊敬，重啟鷹獵及重整鷹場，並且新設包括安田家、一橋家、清水家等德川一門的「御三卿」。

至於其他方面，江戶周圍首都圈的整治、地方上發生的災害，也以國家層級來應對，針對持續增加的債務訴訟則指示由當事人解決（相對濟令），還有統整幕府刑法製成《公事方御定書》等，改革的層面可說相當廣泛。

享保改革帶來了財政改善及政治穩定，吉宗則以「幕府中興之祖」之姿，在現代以「暴坊將軍」的形象深植人心。

只不過，享保改革到了後期卻失去庶民的支持。因為要求過度的節儉、增稅，以及對於改革的批判完全充耳不聞，這些都讓庶民感到不滿。

一七三〇年（享保十五年），在御三家尾張德川家出現了與吉宗站在相反立場，反對他施政的大名，就是德川宗春。

宗春在就任藩主的隔年推出《溫知政要》這部著作，其中提到「近來幕府有太多規範」。宗春的主張是「放寬規範」，與吉宗提倡貫徹規範取締風紀的態度，可說恰恰相反。

宗春尊重自由與個性的態度廣獲眾人的共鳴，在他

此時此刻的世界大事？

1732年英國建立13個殖民地

尋求宗教自由的英國清教徒，搭乘五月花號移居美國，開始建設殖民地。後來陸續打造完成的殖民地有13個，也就是從這13個殖民地逐漸形成現在的美利堅合眾國。

治下的名古屋發展繁榮，因為無論宗春本人，或是他的領民都享有富庶與自由。

然而，吉宗無法容忍這個狀況，兩人的對立逐漸浮上檯面，直到宗春的奢華無度嚴重打擊一藩財政。宗春雖然有意重振藩政，但吉宗的親信趁此良機與尾張藩的重臣合謀，發動政變推翻宗春。

幕府警惕不再讓類似宗春的藩主出現，在他一七六四年（明和元年）過世時，仍未赦免他的罪刑。直到進入明治時期才總算洗清他的污名。

吉宗雖然勉強克制宗春，但宗春的主張獲得廣泛支持，眼看著庶民的不滿情緒就快爆發。一七四五年（延享二年），吉宗把將軍一職交棒給其子家重之時，甚至有群眾因為吉宗的退位大表欣喜。

由此可知，即使是在現代有「明君」之稱的吉宗，在當

吉宗與宗春在施政上的差異

吉宗		宗春
公布細部的法令，就能實施公平判決。法重於人。	法令	增加細部法令會讓違反者也增加。人重於法。
大名自領地每一萬石需上繳100石米糧給幕府，藉此維持穩定。	財政	允許勸進能等演出收入，也允許在參拜途中設置茶店、賣店。
自君主提倡樸素。以節約來振興經濟。	服裝	君主裝扮華美可促進民間經濟。

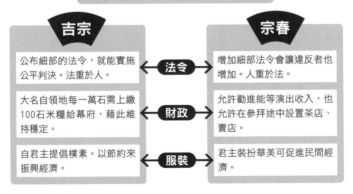

時也未必能獲得大眾的支持。然而，吉宗推動的多數改革帶來國家體制的穩定，到了江戶後期進一步發展，不少制度更延續影響到之後的明治維新，這也是不爭的事實。

9 原指經由荷蘭人傳入日本的學術、文化、技術等之總稱，之後泛指來自西方的學術。

10 享保三年（一七一八年）以〈伊呂波歌〉（いろは歌）做為消防編組之名。〈伊呂波歌〉為平安時代的和歌，以七五調格律寫成，全文以四十七個不重複的假名組成。「伊呂波四十七組」中，忌避了「へ、ら、ひ」三字，分別以「百、千、萬」替用。享保三年增加「本」組，成為四十八組。

家康之孫，水戶藩第二代藩主

德川光圀

Tokugawa Mitsukuni

1628～1700

以「水戶黃門」獲得眾人喜愛的明君

出生於德川御三家之一——水戶德川家的光圀，在現代是以「水戶黃門」廣為人知的人物。光圀與當時的將軍德川家綱一同以「文治政治」為志向，並以禁止殉死、設立編纂局「彰考館」等政策，來實現這樣的政治路線。推動後世稱為《大日本史》的大規模史料編纂，並在他死後完成。另一方面，在綱吉成為將軍的時代，光圀曾正面批評過綱吉的施政，展現了與溫和「黃門大人」形象截然不同的另一面。

然而，大眾從電視劇中熟知的光圀帶著家臣助三郎、格之進周遊列國的故事，其實並非事實。實際上，光圀幾乎從來沒離開過江戶及水戶。在18世紀中葉，因為有人從光圀「為調查史料編纂而派遣家臣到全國各地」，以及「隱居後走遍水戶領地」這些小故事而獲得靈感，進而創作今日的「水戶黃門」。

第三章

出現動搖的幕府統治

——三名老中的悲哀（1745～1843）

不起眼的將軍政績——德川家重

在一般教科書裡，享保改革之後便立刻接到了田沼意次的施政，然而其實中間還有第九代將軍德川家重。

家重是吉宗的長男，出生於一七一一年（正德元年），在一七四五年（延享二年）就任將軍。吉宗勉強撐過江戶三大饑荒之一的「享保饑荒」，並藉由享保改革成功穩定了財政，這個時代在政治上也處於穩定。

家重個性溫和，除了喜歡美麗的花花草草之外，幾乎終日待在大奧，據說連親信近臣也幾乎看不到他。此外，聽說他對於當時常見頭上抹油來整理儀容相當厭惡，因此頭髮經常都是亂的。加上鬍子也留著不刮，總是要等到幕府有公開儀式之際，侍從得趁他心情好時才能幫他刮鬍子。再者，雖然他天生體弱多病仍喜飲酒，最後甚至導致語言障礙。

因為這樣，幾乎沒人理解他說的話，唯一能溝通的就是從十六歲起便以小姓待在家重身邊照顧他的大岡忠光。忠光也是大岡忠相的親戚，是家重相當信任的側用人。

事實上，家重完全沒有參與政事，幾乎將所有政事都交給家臣處理。忠光雖然獲得絕對的信任，卻沒有趁機利己，而是與幾位老中合作，妥善處理政務。前面曾提過忠相優秀的人格與能力，或許這就是大岡家的家教，也傳承給了忠光。

這個時期的課題，就是應對不斷發生的農民一揆。首先，是一七五三年（寶曆三年）備後福山藩（現今廣島縣福山市附近）全藩領民參與的大一揆。

此外，美濃郡上八幡藩（現今岐阜縣郡上市附近）也爆發了大一揆，形成嚴重的問題。

郡上一揆的起因則是藩主金森賴錦為了重振藩內財政，試圖將徵收年貢的方式從定免法（以過去數年的平均值徵收固定年貢的方式）換成檢見法（根據每年收成的狀況改變徵收年貢的方式）。

這項政策讓擔心從此得增加年貢的農民起而反彈。城下町的強訴（集體表達強烈反對的行為）、針對前往江

此時此刻的世界大事？

1754年爆發英法北美戰爭

因為北美大陸領土統治權之爭，使得英國與法國之間牽扯到殖民地與美國原住民的英法北美戰爭爆發。同一時期，英法兩國有多起戰爭並進，最後英國占有優勢，並於1763年簽訂巴黎條約。

戶老中的駕籠訴（對著乘坐駕籠移動的老中直接提出訴求）、在目安箱投入訴狀等行為不斷發生，加上美濃郡上藩由幕府管理的越前白山中居神社之中神職人員對立的「石徹白騷動」等，多項風波導致重大亂事。

不僅如此，還有暴力行為發生，家重認為「光是一揆就出現如此重大騷動，難道不是有什麼幕府要人在背後策劃嗎？」因此交由評定所進行審理。

至於審理的結果，藩主賴錦受到改易處分，與他有關的老中、若年寄、大目付、勘定奉行等擔任要職的人物陸續受到懲處。另一方面，引起騷動的農民也大多受到處罰，可說兩方都受到重大傷害。

而因為這起事件出席評定所，妥善審理之後，在幕府之內一路平步青雲高昇的，就是田沼意次。

另一方面，在家重的時代陸續出現了延續到後世的思想。

醫師安藤昌益批判幕府政治體制中的領土制，他認為所有人都應該直接從事農業，主張回歸「自然之世」。這種講求完全身分平等且重視農業的態度，有人認為與後來的社會主義、共產主義有共通之處。

此外，神道家竹內式部主張天皇在歷史上的正統性，提倡「尊王論」。雖然在一七五九年（寶曆九年）因「寶曆事件」受到懲處，尊王論仍一直延續到了幕末時代。

此時此刻的世界大事？

1759年大英博物館對一般大眾開放

漢斯・斯隆（Hans Sloane）醫師於自家收集了大量的動植物標本及書籍，他死後捐贈給了英國政府，並促成大英博物館落成。博物館到現代仍持續增設、改建，如今是眾所皆知全球最大的博物館。

防止赤字的利益優先主義——田沼意次

經常抱病的第九代將軍家重，體力終於來到了極限。一七六〇年（寶曆十年），他把將軍大位讓給兒子，由德川家治成為第十代將軍。

不過，一般提及這個時代幾乎不會看到家治的名字。因為，當時主導政局的是獲得他極大信任的老中田沼意次。

意次是田沼意行的長男，一七一九年（享保四年）出生於江戶。田沼意行過去效忠紀州德川家，後來隨著家主吉宗就任將軍而成為幕臣。在意次十六歲時，奉吉宗之命成為侍奉家重的其中一名小姓。

家重成了將軍後，意次也步上高昇之道，他成為溝通將軍與家臣的御用取次，在前面提到的郡上一揆審理裁定案上嶄露頭角。

因為這些功績，他在一七五八年（寶曆八年）獲得遠江國相良（現今靜岡縣牧之原市）領地一萬石，並升格為大名。想想他的父親僅僅是六百石的旗本，對照之下可說是少見的飛黃騰達。

意次另一件史無前例的事，就是他在家重卸任將軍之後，依舊保有自己御用取次的地位。看看過往的歷史，改朝換代時側用人這類職務經常都會遭到罷免，能夠留任同一職位者真的少之又少。

至於原因，據說是家重對意次極度信任，並告訴家治，「讓意次在你身邊的話會很有幫助」，而家治也接受了。

意次在一七六七年（明和四年）就任側用人，到了一七七二年（明和九年）成為老中。

然而，這時又出現了前所未有的狀況。意次竟然兼任側用人與老中。這也是定調意次權力的關鍵時刻。

在這之前，身為側用人或老中而掌握實權的人有好幾位，但從來沒有人兼任二職。

話說回來，側用人就是「貼身侍奉將軍的人」，換個

此時此刻的世界大事？

1773年爆發波士頓茶葉事件

一群波士頓市民因反對英國對美國輸出的東印度公司茶葉適用「茶稅法」，在稅額上獲得優待，進而攻擊該公司船隻並銷毀船上的茶葉，掀起波士頓茶葉事件。兩者對立愈來愈深，更影響日後的美國獨立戰爭。

說法就像是祕書。將軍若握有絕對的權力，跟隨的祕書說起話來也更有分量，也具備對政治的影響力。

另一方面，老中是幕府官僚之首。實際上就算側用人握有實權，形式上也是老中位階較高。意次就是同時兼任原本關係緊張的兩項職務。

不僅如此，意次還在一七八三年（天明三年）讓長男田沼意知擔任若年寄。若年寄的權力僅次於老中，這等於幕府的主要地位都讓意次父子獨占了。

此外，比意次年長的老中陸續離世後，與意次一起成為老中的人都成了意次的親戚。若年寄也有意次的親戚，坐上這些位置的人全成了對意次言聽計從的人。

不僅如此，意次還和自己下一任御用取次稻葉正明締結姻親關係，其他像是勘定奉行、町奉行的位子，也都是由與意次有某些淵源的人物占據。

換句話說，根本沒有任何勢力能阻礙意次的施政。之後還會提到他大膽的改革，而之所以能實現，就是有這股無法撼動的勢力做基礎。

意次面對最大的課題，無疑就是窘困的財政。前面已經說明了，經過享保改革提升了一定的成果，但到了這個時期由年貢保障的金額已達極限，不得不變換方針。

於是，意次決定推動過去幕府想像不到的大膽且積極的景氣刺激政策。

首先，意次建議組織在吉宗時代即公認的「株仲間」。

所謂株仲間，就是由同個業界從事買賣的一群人，合作組成的組織。因為與理論上彼此為競爭對手的人一起調整價格，就能防止價格競爭進而達到抑制物價上漲的目的。

話說回來，若是不加入這個組織，要進貨或銷售都很難，因此工商業者等於沒有不加入的選項。

這麼一來，這些株仲間因為能從事具有特權的生意，就能獨占利益，加上幕府公

擔任要職且與意次有關的人物

人物	時期與職務	與意次的關係
松平康福	明和元年－老中	女兒為意次嫡子意知之妻
久世廣明	天明元年－老中	意次孫女為其孫之妻
水野忠友	天明元年－老中格 天明5年－老中	認意次之子義正為養子
牧野貞長	天明4年－老中	意次孫女為其子之妻
太田資愛	天明元年－若年寄	約定認意次孫女為養女
井伊直朗	天明元年－若年寄	意次之女為其妻
田沼意知	天明３年－若年寄	意次之子

認株仲間而獲得運上、冥加金[1]等稅金，增加收入。這就是意次打的算盤。以現代的例子來說，就像政府將某項商品的獨家銷售權利給了公司，藉此要求對等的法人稅。

此外，打造認可從事獨占事業的組織，也由幕府直營的「座」，建立起專賣事業體制。以現代的例子來說，想想專賣「香菸」的日本菸草產業株式會社（ＪＴ）應該就很容易理解了。

金融政策則採取多管齊下。除了發行新貨幣，也打造幕府主導的中央金融機構，類似現代日本銀行的組織。

另一方面，意次借助商人的力量，對於

株仲間的種類 有將近2000株

產業振興也很用心。他著手將逐漸普及的朝鮮人參與白砂糖正式國產化，而且也獲得一定成果。

一七八四年（天明四年），意次展開下總國印旛沼（現今千葉縣北部）的干拓（排水之後增設新田）工程。

其他還有與阿伊努交易為前提的蝦夷地開發計畫、擬定長崎貿易振興方案，以及借助著名天才發明家平賀源內等人之力進行礦山開發等，想方設法要創造利潤。

歸納以上各項，可以充分了解到意次的政策不同於過去的重視農業，而是將重心放在商業，試圖重振財政。

這樣的方向稱為「重商主義」，這也是當時歐洲逐漸普遍的經濟政策。日本在年貢收入遇到瓶頸之際，可說是有效的另一條路。

1 江戶時代課徵的雜稅，相當於營業稅。
2 當鋪。
3 兌匯的錢莊，也會放高利貸。
4 榨油廠。
5 船運批發商。
6 木材行。

饑荒與重商主義的瓦解——田沼時代的終結

前面看到了意次的重商主義政策，最後卻以失敗收場。意次遭受來自諸大名、旗本及民眾的強烈反彈，甚至發生他的兒子意知在一七八四年（天明四年）於江戶城遇刺而死的事件。

在這起事件之後，意次的勢力一舉迅速衰退。一七八六年（天明六年）他辭去老中一職，並且為了負起政策之敗的責任，總計四萬七千石的領地被沒收，打造的相良城遭到破壞，還被命令蟄居。

至於為什麼意次的政策會以失敗告終呢？大致上可歸納出三項原因。

首先，在意次主政時期發生了大規模的災害與饑荒。一七八三年（天明三年），淺間山火山爆發後，導致自甲信越（山梨縣、長野縣、新潟縣）到東北地區降下了大量火山灰，影響農作物收成，釀成饑荒。

同一年，東北地區因為寒害而使得農作物歉收，到了隔年，據說出現了超過三十萬因飢餓身亡的死者。

這場饑荒中以藩的利益為優先考量，對於米糧輸送到江戶及大坂都有影響，幕府也盡全力因應，但庶民的生活依舊愈來愈苦。

雪上加霜的是在一七八六年（天明六年），大雨造成關東大洪水，印旛沼（千葉縣）的干拓工程被迫中斷，接二連三的災害導致幕府財政千瘡百孔。米糧價格不斷飆漲，各地更出現民眾趁火打劫的狀況，治安極其惡化。

其次，意次將「幕府利益」放在最優先的結果，導致諸大名與庶民的反彈，也是失敗的原因。

意次減少對諸藩治水工程的援助，並且在陷入農作歉收之際停止貸款，這些政策都讓人覺得「不管各藩死活，只要幕府有利就好」，因此也逐漸失去了人們的支持。

此時此刻的世界大事？

1783年美國獨立

因為對英國反彈的情緒沸騰，美國發布獨立宣言，卻未得到英國承認，兩者爆發持續多年的獨立戰爭。直到1783年，也就是培理（Matthew Perry）率船到日本的70年前，獨立軍獲勝，並簽訂《巴黎和約》，實現美國獨立。

第三，有人認為由於意次在仕途上晉升得太快，並沒有學會權力人士該有的態度。

意次最為人知的代表惡政就是「賄賂」，事實上在他之前這種狀況就在幕府內氾濫。然而，意次不但與商人有所連結，還相當廣泛地採納他們的提議與意見。因此，也收受大量來自企圖籠絡幕府之人的賄賂。

當然，當時並不只意次一人收賄，也有很多幕府官員收受賄賂。但相對而言，意次沒有提出有效防止賄賂的政策，對於賄賂橫行得要負責。

此外，不少人也認為意次與其家臣「教養不足」。他們之中很多是到了家治一代才臨時受雇，沒有符合社會對大名要求的教養與行為舉止。

因此，他們被當作「粗鄙無文的一群人」，甚至遭受比實際上更誇張的批評。

此時此刻的世界大事？

1788年遭受流放的囚犯抵達澳洲

現在以大洋洲最大國家為人所知的澳洲，當年第一批踏上島嶼的是在英國犯罪遭到流放的囚犯。原為殖民地的澳洲，在持續發展後，於1901年達成實質上的獨立。

綜觀上述分析，政策的失敗確實意次難辭其咎，但照理說幕府的政策與社會體系原本就已達到極限，也能視為是在一場大逆轉的豪賭中失敗。這一點，從意次之後的老中松平定信、水野忠邦推動完全反方向的改革政治依舊失敗就可看出來。

最後，來看看意次這個人的個性。在歷史上提到意次，最著名的就是「賄賂政客」、「敗德政客」等，而殺害其子意知後來受命切腹的佐野善左衛門，則被世人盛讚為「佐野大明神」、「撥亂反正大明神」，相反地，在意知的葬禮上還有人不滿而扔擲石頭。

意次在失勢之後，遭到原先與他有姻親關係的人陸續離緣，並在一七八八年（天明八年）落寞離世。

然而，令人意外的是在記述意次的文獻中，卻能窺見他「耿直真摯」、「謙虛」的個性。就連家重與家治都曾說過，「意次是正直之人」，甚至可說他本身應該是個人格高尚的人。事實上，曾有人說過意次連基層的家臣都很尊重，即使自己成了掌權之人也保持低姿態，非常謙遜。而他的經濟政策，若考量當時的農業已遇到瓶頸，轉而重視商業或許也不失為適當的判斷。

能力獲得極高評價的意次常被稱作「發明之人」。這裡的「發明」與現代的語義有些不同，代表的是具備優異的學問與知識。也就是說，意次被視為絕頂聰明之人。

不過，耿直又聰明的意次主導的改革以失敗告終，後世留下的只剩他的惡名。

反倒是從他的一生會令人有所感觸，「即使是品格高尚之人做出了正確的判斷，也未必能讓世界變得更好」，由此可知政治有多難。

躍進的諸藩——在地方上出現的多位明君

江戶時代前期，在地方諸藩出現了很多堪稱明君的優秀領主。除了前面提過的水戶藩德川光圀，其他具有代表性的還有輔佐家綱的會津藩保科正之、落實藩政改革的加賀藩前田綱紀，以及致力於教育的岡山藩池田光政等人。

然而，觀察政局走向可知，自綱吉之後的將軍都花了很多工夫在鞏固自身勢力，重視側用人與御用取次等職位。不但各個藩主的權力受到限制，接二連三的農作物歉收以及幕府財政窘困的連動下，窮困的藩也愈來愈多。

即使如此，仍有些藩在幕府的指導下整頓藩政體系，成功改革藩政。

其中一例就是上杉治憲（鷹山）的米澤藩。一七六七年（明和四年）坐上藩主大位的治憲，立即展開藩政改革。

首先，他貫徹節約以拯救窮困的米澤藩，並著手改革農村管理機構試圖重振農村。

另一方面，他致力於栽種桑樹、漆樹、構樹等商品作物獎勵殖產興業，傾全力紓解財政困難。不僅如此，他也重視民眾的教育政策，設置藩校——興讓館，充實藩士教育。

米澤藩的藩政改革包括起用了原為家老的竹俣當綱、莅戶太華、儒學家細井平洲等人來推動，甚至後來連幕府都表示關切，認為可以當作改革範本。

此外，同一時期同樣成功改革藩政的會津藩、松代藩、熊本藩等也都有顯著的發展。

如同這類江戶時代中葉的藩政改革，共同的要素大致可歸類出三項。

第一，以農村改革為基本架構。由於每個藩都陷入財政困境，面對年貢收入增加的需求。而江戶時代中葉更有農作歉收與天災等各種狀況，保有一定的米糧能防止藩內民眾餓死。

另一項是推動生產銷售當地特產的殖產興業。一般熟知的有前面提過的米澤藩特產，以及熊本藩的製蠟（生產蠟燭的原料）等。

此時此刻的世界大事？

1765年英國制訂印花稅法

英國制訂「印花稅法」，要求在殖民地美國發行的出版物都必須貼上印花並課稅。然而，殖民地對於這項在與己毫不相關的本國議會中通過的法案強烈反彈，並表示「沒有具代表性的議會就不課稅」，最後，印花稅法遭到撤回。

最後則是各個藩主開設藩校推動教育。話說回來，一六六九年（寬永九年）岡山藩學校成立之後，藩校就在各藩陸續普及，後來卻因為藩政改革使得各藩爭相開設。

至於這個時期開設的著名藩校，有米澤藩的興讓館、會津藩的日新館、熊本藩的時習館等。其他還有國學家本居宣長在伊勢國松坂（現今三重縣松阪市）開設的鈴屋、德國醫師西博爾德（Philipp Franz von Siebold）在長崎開的鳴滝塾等「私塾」也在各地發展。

在中期藩政改革裡頭觀察到的特徵之中，特別是殖產興業與藩校普及都增強了各藩的實力，帶動了江戶時代後期的各藩躍進。

此外，改革成功的藩都有優秀的「明君」搭配輔佐的優秀「賢臣」，攜手進行藩政改革。因此，藩政改革在這個時期的各個地方可說是「明君與賢臣的時代」。

然而，在這些改革成功的幾個藩之外，另一方面也有跟不上改革腳步的藩，或是雖有暫時性的改革成果，但立刻又被打回原形的藩。

之後，雖然經濟陷入困境，但由於幕府也逐漸勢衰，接下來的時代各藩出現愈來愈大的落差。

主要幾個藩政改革成功的藩

	當主與家臣	藩政改革的內容
米澤藩	當主：上杉鷹山 家臣：竹俣當綱、莅戶太華	實施儉約令；改革農村管理機構；獎勵生產桑樹、漆樹、構樹等商品作物；引進織品技術；創設藩校（興讓館）。
會津藩	當主：松平容頌 家臣：田中玄宰	實施儉約令；改革農村管理機構；獎勵生產朝鮮人參、紅花等商品作物；加強釀酒事業；創設藩校（日新館）。
松代藩	當主：真田幸弘 家臣：恩田木工	實施儉約令；尊重與民眾對話的財政改革；規劃藩校（文武學校）。

column 5

江戶時代的旅行

自江戶時代中葉成為經典休閒項目

庶民生活變得富足

到了江戶時代，旅行變得像現代一樣，成了庶民的休閒娛樂。

江戶時代，在幕府的方針下建設了全國街道及宿場，治安也獲得改善，能夠安心出門旅遊。尤其到了元祿時代，庶民的生活變得更富足，也有餘力出遊。

不過，能夠輕鬆外出旅行的仍以富人階層為主，一般農民要旅遊還是很辛苦。原因不單經濟層面，而是因為旅行有很強的「遊樂」成分在內，容易讓農民覺得是荒廢農業。

話說回來，即使是農民也能接受的，就是「信仰之旅」。因為如此一來也就不是「遊樂」，而被視為宗教行為，蔚為風潮。

至於宗教旅行受歡迎的目的地，則是到了現代仍有許多信徒的三重伊勢神宮。當時許多人認為這裡是「一生必該造訪的地點」，甚至許多村子會有民眾組成團體籌措旅費，以抽籤

蔭年參拜也有狗會參加

有些因為生病、經濟上等等狀況而無法親自參加「蔭年參拜」的人，會派自己養的狗前往。到伊勢神宮參拜的周圍其他人，則會援助飼料等其他需求。圖片上的這隻狗在脖子上掛了牌子，似乎是自伊勢神宮參拜歸來。

引用自歌川廣重〈伊勢參宮渡宮川〉。

方式選出中籤者前往參拜，這樣的組織就稱為「伊勢講」。

此外，還掀起了一陣參拜熱潮，幾十年會有一次全國數百萬人同時參與的「蔭年參拜」。最著名的蔭年參拜是在寶永二年（一七〇五年）及明和八年（一七七一年）。

但即使名義上是「信仰之旅」，還是能在途中享受美食、景點觀光等，暫時脫離日常生活。

文化重心也移往江戶——寶曆・天明時期的文化

田沼意次的時代，就結果而言政治停滯，意次還被逼得失勢，但各項法規鬆綁下，在文化方面有些發展。

學術的領域，除了有研究日本古來精神的「國學」，還發展出透過荷蘭文研究西方知識的「蘭學」。

先來看看國學。

國學的開端據說是元祿時代。這個時代吹起一股風潮，以實證方式重新詮釋古代經典，箇中代表人物為大坂僧侶契沖等人。

接下來，荷田春滿重新檢視和歌與神道的關係，他的弟子賀茂真淵則批判與神道對立的儒教。他認為，日本古書中描繪的風景才是人類該有的樣貌，為了證明這一點，他以自己獨特的觀點重新詮釋以《萬葉集》為主的古典作品，歸納出《國意考》等著作。

本居宣長師法真淵，宣長將使用契沖文獻重新詮釋古典的手法，與真淵重視在佛儒傳入前日本精神的「古道論」兩者結合，成為國學集大成者。

他視文學本質為「物哀」[7]，除了將研究《源氏物語》的成果集結成《玉匣》，他也很重視作為日本精神泉源的《日本書紀》與《古書記》，留下了為《古書記》所做的註釋鉅作《古書記傳》等著書。

接下來，看看蘭學的發展。

這個時期出現了受到蘭學影響的多面向天才，像是以修復靜電產生設備聞名的平賀源內、採納西畫技法並同時以畫家及蘭學家表現出色的司馬江漢等。

此外，對於中國古典文學的研究也很興盛。

尤其對於引領中國藝文界的「文人」生活更感興趣，文人創作的畫作「文人畫」

主要的國學家

契沖	《萬葉代匠記》、《和字正濫鈔》
荷田春滿	《萬葉集童蒙抄》、《伊勢物語童子問》
賀茂真淵	《伊勢物語古意》、《源氏物語新釋》
本居宜長	《古事記傳》、《源氏物語玉小櫛》
平田篤胤	《鬼神新論》、《本教外篇》

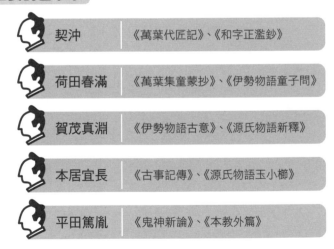

也很流行。當時以文人畫家聲名大噪的有池大雅、與謝蕪村等人。

大雅是靠自學學畫，他描繪旅行中看到的風景，跳脫模仿中國建立起獨創的畫風。他與同時也是著名俳諧師的蕪村聯手創作的〈十便十宜圖〉，堪稱樹立日本文人畫里程碑的代表性作品。

其他還發展出受到中國影響的寫生畫。圓山應舉創造出完全重視寫生的獨特畫風，畫出《松雪圖屏風》（國寶）等作品。此外，像是生於京都、畫出個人風格寫生畫的伊藤若沖，以及師法蕪村與應舉的吳春等人都相當知名。

提到堪稱江戶時代象徵的浮世繪，在這個時期也很流行。先是浮世繪師鈴木春信開拓了鮮豔多彩印刷的「錦繪」，後來更出現了喜多川歌麿及東洲齋寫樂。

之所以陸續有浮世繪師出現，與文化出版的普及有很大關係。蔦屋重三郎以開設租書店和小商店致富，同時也策劃出版品與浮世繪，相當於今日的製作人。

在他的策劃下，歌麿的美人畫與寫樂的役者繪[8]大大走紅，也被選為「黃表紙」的插畫。

黃表紙是當時的一種出版品，以反映現實又帶有風趣滑稽為賣點的畫作為賣點，這類讀物就類似現代以成人為讀者群的漫畫。

著名的有一七七五年（安永四年）出版的戀川春町作品《金金先生榮花夢》，以及一七八五年（天明五年）出版的山東京傳作品《江戶生艷氣樺燒》等。

然而，老中松平定信基於「寬政改革」發布「出版統制令」，相關人士都遭到處罰。即使如此，黃表紙創作家仍然變換領域，持續創作活動。

另一方面，以文字為主體的「讀本」也受到許多讀者喜愛。著有《雨月物語》等書的上田秋成即為當時著名的作家。

其他值得特別一提的，就是戲劇的發展。淨琉璃界在少了近松門左衛門之後，大放異彩的是竹田出雲，他創作了像是《假名手本忠臣藏》等精彩的故事。

自這個時期戲劇的主角成了歌舞伎，在主要的地點江戶出現了市川團十郎（第四代及第五代）、尾上菊五郎

此時此刻的世界大事？

1744年《少年維特的煩惱》出版

德國作家歌德（Johann Wolfgang von Goethe）的作品《少年維特的煩惱》出版，內容敘述年輕人維特傾心於女子綠蒂，無奈綠蒂已有婚約在身，一場終究不會有結果的愛情故事。這部作品引起極大迴響，據說連拿破崙也是忠實讀者。

（初代）等明星。這些人的活躍藉由寫樂的役者繪更加拓展，甚至在江戶城中還出現了模仿歌舞伎演員服裝及舉止的文化。

由此可知，寶曆、天明時期文化的重心從上方[9]轉移到了江戶，特色是大眾文化色彩愈來愈濃厚。然而，因為加強社會控制的寬政改革，使得文化發展的腳步也不得不停滯。

7 平安王朝文學的審美觀。在感受外在事物時產生幽情、哀傷等情緒，並藉此感慨人世無常。

8 歌舞伎演員肖像畫。

9 時稱大阪、京都為主的畿內地區。

「緬懷田沼」的定信時代——寬政改革

隨著作為改革者宣告失敗的田沼意次引退，加上支持他的第十代將軍家治死亡，幕府迎接了另一個新時代的到來。

家治膝下並無可成為接班人的子嗣，於是從御三卿的一橋家收養了養子。前面已經看過，將軍沒有後繼接班人的時候，就會從「御三家、御三卿」中的男丁挑選。這回也是，之所以會從一橋家挑出將軍接班人的理由，有人指出很可能是在決定養子時，仍握有實權的田沼意次之弟與姪子都是一橋家的重臣，提拔自己人比其他家族更為有利。於是，第十一代將軍德川家齊就此誕生。

只是家齊就任將軍時年僅十五歲，要獨自主政實在太年輕，因此老中松平定信受到提拔擔任輔佐的角色。

定信出身御三卿的安田家，但由於他並非長男，後來成為陸奧白河藩主松平定邦的養子。一七八三年（天明三年）他成為白河藩主，但當時東北地區正處於天明饑荒最嚴重的時刻。

定信以極盡節約與管理家臣、領民來應對，加上事先儲備應急的米糧，據說在這場饑荒中「沒有讓任何一個人餓死」。

這裡的「任何一個人」可信度很難說，但在照理說不斷出現有人餓死的東北地區，加上意次政權對於各藩的援助並不足夠，有這樣的政績仍讓人驚訝。

這等政績受到肯定，讓定信成為老中，輔佐將軍家齊。

定信要因應田沼政局下導致問題的各項事務。

首先，他要求武士在專注武藝與學問的同時，也發布免除旗本、御家人債務的「棄捐令」。另一方面，為了補償借貸給旗本及御家人的札差[10]，由猿屋町會所[11]這個機構借出兩萬兩來因應。

接下來定信處理意次時代發生江戶民眾趁火打劫的狀況，將心力放在維持江戶的治安上。發布了「舊里歸農令」讓來到江戶的底層民眾回到家鄉的農村，同時在石川島設置「人足寄場」，作為輕罪者或無依無靠者的更生設施。

定信並訂立「七分積金」的制度，節約各町的營運費用「町入用」，將省下來的錢累積轉往援助貧困者。

要特別注意的一點是，這些改革政策與其說是救助貧困者，更重要的目的是為了改善原先敗壞的江戶治安狀況。

事實上，定信貫徹「清廉」與「忠誠」的精神，不允許有越界的行為。

定信下達「寬政異學禁令」，嚴禁在湯島聖堂內學習朱子學之外的儒學，也禁止前面提到含有性內容的黃表紙出版等，以「整頓風紀」為名目，積極控制思想、表現。

不僅一般大眾，定信對於旗本及諸大名也要求極盡節約及忠誠，希望打造一個端正且無浪費的社會。

另一方面，針對日漸成為威脅的外國也擬定因應政策，例如建立警備體系，以戒備俄羅斯

逼近北方。

然而，定信過於嚴格追求清廉與忠誠的寬政改革，不僅社會大眾，連幕臣，到最後包括將軍家齊及他的父親一橋治濟都與定信形成對立。

之後，一七八九年（寬政元年）到一七九二年（寬政四年）朝廷與幕府爆發「尊號一件」事件，針對這起事件的因應讓雙方對立浮上檯面。

此乃光格天皇想要贈與父親閑院宮典仁親王「太上天皇」這個高規格的稱號，結果定信等人在協議之後打了回票。此外，針對作為朝廷一方窗口的公家，定信在沒有跟朝廷協調下就一一擅自處分，引起很大的風波。

話說回來，定信與家齊、治濟等人的對立檯面化的原因，不單純是這件事。家齊曾嘗試贈予父親治濟「大御所」的稱號，定信也以為了顧慮朝廷而否決此事。

此時此刻的世界大事？

1789年爆發法國大革命

在絕對君主制的法國自中世紀以來實施的舊制度（Ancien régime）出現動搖，爆發了主要由中產階級領導的法國大革命。後來雖然廢除君主制改採共和，但出現的恐怖政治導致國內混亂，連帶影響日後拿破崙的出現。

治濟為此大怒，加上兒子家齊就快要滿二十歲了，他認定接下來不再需要定信的輔佐。另一方面，定信又失去大眾及幕臣的支持，終於在一七九三年（寬政五年）遭到解任老中一職。

至此，寬政改革可說以失敗收場，但令人意外的是定信的改革有些地方其實與意次的政策相當接近。例如，值得關注的是他非但沒有解散株仲間，反倒延續了這項政策。

至於定信從老中一職引退後仍以白河藩主表現出色，並留下諸多著作，像是自傳《宇下人言》以及古物圖鑑《集古十種》等作品。

就身為一名知識分子而言，定信有一定的素養，據說他對於蘭學、大眾文學都有涉獵。而他雖然以儒家精神嚴以律己，人格崇高，但受到嚴格規範的一般大眾卻曾撰文諷刺，表示「白河之清／魚兒難棲／田沼之濁／教人想念」（定信的主政如同白河清澈卻不容易棲息，反倒是混濁的田沼意次政局令人懷念）。

10 仲介買賣旗本、御家人俸米的業者，在買賣中賺取價差或以俸米為擔保放高利貸。
11 猿屋町御貸付金會所，是發布捐棄令時為了補助札差而在淺草猿屋町設置的機構。

紛爭不斷的江戶幕府——大御所德川家齊

很多人認為，松平定信一失勢，立刻就接上了水野忠邦的「天保改革」。但天保改革起始於一八四一年（天保十二年），實際上相隔了將近五十年。

這段時間握有實權的是第十一代將軍家齊。家齊其實是歷任將軍中在位時間最長的人。家齊在解任定信之後，仍將定信的心腹本多忠籌安置為老中格（相當於老中的職位）、松平信明為老中。因此，寬政改革的路線並無太大改變，而由稱為「寬政遺老」的幕閣承接下去。

這個時代的課題，一是因應逐漸變得現實的異國威脅，另一個則是解決財政困難。首先，定信時代的一七九二年（寬政四年），俄羅斯人拉克斯曼（Adam Laxman）在護送漂流的日本國民大黑屋光太夫回國的名義下，同時帶著皇帝的國書來到日本。定信雖然同意光太夫歸國，卻拒絕接受國書。

十二年後，也就是一八〇四年（文化元年），俄羅斯使節雷沙諾夫（Nikolai Rezanov）來到日本尋求與幕府交易，遭到幕府全面拒絕。這使得日本與俄羅斯的關係惡化，雷沙諾夫並下令攻擊庫頁島及擇捉島。

幕府感到嚴重的危機，在發出俄羅斯船隻驅逐令的同時，也於蝦夷地要塞派駐防衛兵。話說回來，幕府並不希望與外國全面對決，因此在一八〇六年（文化三年）發布「薪水給予令」，對於接近的外國船隻盡可能說服他們，並給予柴薪與飲水讓對方能順利歸國。然而，一八〇八年（文化五年），發生了英國軍艦費頓號非法進入長崎港的「費頓號事件」，讓幕府的處境變得更為尷尬。

這段時間，國內沒有進行重大改革，幕府的課題幾乎都被暫時擱置不理。到了一八一七年（文化十四年），寬政多位遺老年邁後，自家齊小姓崛起的水野忠成成了新的指導者，引領政局。

忠成有了來自家齊的信任，打造出類似田沼意次時期的政治體系，也就是以自家人當作親信，想當然耳，當時幕府之內充斥賄賂與非法行為。

在這樣的政治情勢下，來自外國船隻的威脅仍日漸增高。隨著英國船隻陸續來訪，幕府的方針也轉為和緩。話說回來，看到制訂異國船驅逐令之後，仍不斷有異國船隻接近，可知來自各國的威脅確實沒完沒了。

1820 年之前來到日本的外國船隻

常陸
1810年 英國
肥前
1803年 美國、英國
1804年 俄羅斯（雷沙諾夫來航）
1807年 美國
1808年 英國（費頓號）
1813年 英國
1814年 英國（夏洛特號〔Charlotte〕）
琉球
1816年 英國
※1832年之後，英國船艦特別多
松前
1793年 俄羅斯（葉卡捷琳娜號〔Ekaterina〕）
蝦夷地
1786年 俄羅斯
1795年 俄羅斯（攻擊日本船隻）
〈利尻島〉1807、1811年 俄羅斯
〈擇捉島〉1807年 俄羅斯
〈國後島〉1778、1812年 俄羅斯
〈根室〉1792年 俄羅斯（拉克斯曼）
相模
〈浦賀〉
1816、1817、1818年 英國

另一方面，在幕府的收入仍然不足之下，家齊極盡奢華的生活也讓財政持續惡化。家齊擁有眾多側室，導致服侍這些側室的女中人數，以及出生的孩子數量都變得很多。

這些出生的孩子之中，女性多半嫁入大名之家，各藩為了讓這些將軍之女過著無異於江戶大奧內的生活，使得財政逐漸惡化。

家齊之所以如此「精力充沛」，不僅單純為了確保能有將軍的繼承人，有人認為一方面還可與諸大名建立血緣關係，以加強對他們的控制。

然而，這種作法也出現弊端，像是只有與家齊有血緣關係的大名才獲益，而因為接受將軍子女導致各藩之間的權力失衡等等。

此外，忠成為了解決財政困難，前後共八次改鑄貨幣。降低貨幣品質確保收益，並且增加貨幣流通量都獲得好評，但劣質的貨幣流通招致經濟混亂也是事實。

另一方面，一八〇五年（文化二年）由「寬政遺老」設置了以維持關東治安為目的的「關東取締出役」，而為了支持這項制度，一八二七年（文政十年）將關東的各村，以大約四十村為標準重新組織，「改革組合村」就此誕生。

這些忠成的改革稱為「文政改革」，對於加強關東地區治安維護很有幫助。但在此同時，幕府內的政治亂象依舊嚴重之下，幕府自一八三二年（天保三年）開始，要面對的是「天保饑荒」。天保饑荒與享保饑荒、天明饑荒並列為「江戶三大饑荒」。自一八三二年（天保三年）到隔年稻米收成減半，到了一八三六年（天保七年）缺糧格外嚴重。

在各地米糧嚴重缺乏之中，一八三四年（天保五年）忠成亡故，一八三七年（天保八年）家齊把將軍一職交給兒子家慶，但家齊仍行「大御所政治」，直到他一八四一年（天保十二年）死前都未放下權力，因此也有人稱呼家齊治世時期是「大御所時代」。

在這些政治體制的變化下，加上未能祭出有效的對策，幕府不斷得面對各種亂事及民眾趁火打劫的狀況，著名的亂事有「大鹽平八郎之亂」、「郡內一揆、加茂一揆（郡內為現今山梨縣、加茂為現今愛知縣）」等。

此時此刻的世界大事？

1828年簽訂土庫曼恰伊條約

波斯（伊朗）的卡扎爾王朝與揮軍南下的俄羅斯交戰落敗，簽訂了土庫曼恰伊條約。條約中除了割讓南高加索領土給俄羅斯，還承認治外法權及喪失關稅自主權，是一份不平等條約。

雖然這些亂事都在短時間內鎮壓，但「幕府政治路線錯誤」的風潮已然蔓延，幕府的統治體系也出現動搖。

另一方面，這時候全球氣候逐漸寒化，有研究顯示將進入「小冰河期」。實際上當時全世界都因為氣溫變低而出現異常氣候，頻頻發生農作物歉收及饑荒。

日本也不例外，尤其天明、天保饑荒的時期，據說就是遇上異常氣候。還有紀錄顯示，江戶曾出現將近一公尺的積雪，當時的畫作也經常看到描繪江戶的雪景。

這類氣候寒化連帶引起豪雨、洪水以及冷夏，導致農作歉收而引起大饑荒。大御所時代確實有許多問題，但有一部分也是因為人力無法控制的天候。

救民
救民

與異國的交流——蘭學與打壓

松平定信對於與異國交流抱持危機感，指示了對策，接下來就看看在「鎖國」體制成立之後，幕府是如何與歐洲各國交流的。

幕府一直是經由荷蘭獲得西方知識，至於選擇荷蘭的原因並非其學術水準特別高，而是基於江戶初期的國際環境。在這樣的情況下，自然必須學習荷蘭語（蘭語），因此這些學問就通稱為「蘭學」。

日本蘭學始祖是先前在吉宗一節裡介紹過的青木昆陽。吉宗放寬了漢譯西方書籍進口的禁令，並在一七四〇年（元文五年）命令昆陽與本草學者家野呂元丈學習荷蘭語。

這些人學習荷蘭語，接觸最先進的蘭學，並且傳授給弟子，使得蘭學有驚人的發展。

蘭學之中有特別顯著成果的，就是醫學這個領域。前面曾經提過，日本的醫學與儒教緊密結合（漢方），但在西方知識逐漸普及後，有些醫師感受到了過往東洋醫學的極限。

其中一人就是山脇東洋，他想要知道人體內部的實際構造，在一七五四年（寶曆四年）進行了日本首次人體解剖。

針對當時仍為禁忌的人體解剖雖然有人堅決反對，但透過驗證對過去的醫學提出質疑，這種「實證主義」的態度，在討論日本醫學史上，仍有不可或缺的重要性。當時在江戶有三名醫師旁觀了解剖，分別是杉田玄白、前野良澤及中山淳庵。

這些人對於蘭學，也就是西方醫學頗有涉獵，對照了荷蘭語譯本的解剖專書《*Ontleedkundige Tafelen*》[12]與解剖結果，書中內容的正確性令人大為震驚。

一行人決定將本書翻譯成日文，並且從隔天就著手。這段始末日後由杉田玄白回顧並詳細描述，集結成《蘭學事始》一書。然而，在連字典都沒有的時代，翻譯作業極致艱辛。

即使如此，經過三年半的奮鬥，終究在一七七四年（安永三年）出版了譯本《解體新書》。

此時此刻的世界大事？

1769年英國成功改良蒸汽機

1699年可實際使用的蒸汽機問世後，經過蘇格蘭的工程師瓦特改良，性能有了突飛猛進的提升。從此蒸汽機可運用到各式各樣的場合，提供動力，成為工業革命實現的基礎。

《解體新書》的出版不但推廣了解剖學的知識，更讓翻譯西方書籍學習新知成為理所當然，蘭學的學習效率從此大大提升。

玄白與良澤之後仍致力於推廣西方醫學及荷蘭語，受到他們影響的大槻玄澤出版了《蘭學階梯》這本蘭學入門書籍。而像是宇田川玄真、橋本宗吉等優秀的蘭方醫[13]，則都出自玄澤的私塾「芝蘭堂」。

另一項與醫學同樣有顯著發展的是天文學。以補正澀川春海「貞享曆」而制訂的「寶曆曆」，仍有著很明顯的缺失，後來由學習天文學的間重富與高橋

至時聯手修改成為「寬政曆」。然而，蘭學的學習雖有進展，但當時荷蘭的學術已經不是最先進，到了江戶時代後期，必須重新學習使用英語、法語、德語的西方學術。

此外，為了對造成威脅的西方國家有所戒備，與世界地理及國防相關知識也提升許多。至時的弟子伊能忠敬走遍全日本進行測量，製作出日本第一幅實測地圖《大日本沿海輿地全圖》。

話說回來，也有人因為幕府對西方國家的警戒而陸續遭到懲罰。

一七九一年（寬政三年），林子平因為出版主張江戶灣防禦的書籍《海國兵談》，違反了幕府出版控制，遭判蟄居處分。

不僅如此，一八二八年（文政十一年）在荷蘭商館以醫師身分來到日本的西博德（Philipp von Siebold）爆發了「西博德事件」。原因是西博德在幕府天文方與高橋至時之子高橋景保等人交流時，試圖帶走原本嚴禁攜出的日本地圖，最後被驅逐出境。

包括景保在內，許多相關人士都受到了處分，對蘭學學者造成重大打擊。

然而，西博德遭到驅逐之後仍透過《日本》等著作向歐洲介紹日本文化，創造了在外國掀起「Japonisme」（日本主義）[14]流行的契機。西博德被驅逐後，他的幾個兒子也來到日本，亞歷山大（Alexander von Siebold）受聘為外國外交官，海因里希（Heinrich von Siebold）則在考古學上留下許多成果。

由此可知，在透過蘭學接觸西方知識帶來許多新見解的同時，也面對來自異國的威脅，無論好壞，這是個異國愈來愈接近的時代。

12 德國醫師庫姆斯（Johann Adam Kulmus）所著《*Anatomische Tabellen*》的荷蘭本。

13 西方醫學流派，對照傳統的「漢方醫」。

14 指十九世紀時日本藝術與設計在西方蔚為流行以及對藝術家帶來影響。

此時此刻的世界大事？

1829年通過天主教解放法案

英國基於宣誓法，天主教徒無法任公職。但是1801年合併愛爾蘭之後，由於愛爾蘭人多半信奉天主教，開始推動反歧視運動，連帶影響宣誓法廢止及制訂天主教解放法案。

文化重心也移往江戶——化政文化

定信失勢後的大御所時代，受到家齊極盡奢華的生活影響，各種規範陸續鬆綁，再次見到文化發展。由於這個時代處於文化、文政年間，於是此時的文化稱為「化政文化」。過去的教科書裡頭，會將寶曆、天明時期的文化也包含在「化政文化」的範圍內，但現在考量到寬政改革導致文化停滯，加上文化上的特色不同，因此便將寶曆、天明時期與化政時期的文化分開討論。

首先，在繪畫的領域，浮世繪發展得更成熟，歌川廣重、葛飾北齋等江戶時期首屈一指的浮世繪師嶄露頭角。廣重出生於消防員家庭，喜愛作畫，專注於浮世繪。終於在繪畫才華受到賞識後，留下了〈東海道五十三次〉等佳作。另一方面，北齋則以不受拘束的特殊畫風受到矚目，到了四十歲之後大受歡迎，除了以〈富嶽三十六景〉為代表的風景畫，還有各式各樣主題的作品。此外，他還取過「畫狂老人卍」這樣另類的畫號，或是一生搬家多達幾十次等，過著瀟灑性格的生活，並享九十歲長壽。

廣重與北齋等人的畫作在外國受到比在日本更高的評價，據說法國的梵谷、莫內也會收集、模仿日本畫，有些作品更從中獲得靈感。

另一方面在文學領域，由於以成人讀者為對象的黃表紙受到打壓，傳奇傾向的讀本流行了起來。由黃表紙作家轉換跑道推出熱銷作品的就是滝澤馬琴。

一八一四年（文化十一年）起刊載的《南總里見八犬傳》、《椿說弓張月》等傑作，特色就是以歷史事件為基礎，創作出比以往讀本更讓大眾接受的故事。

讀本大為暢銷，也影響了以繪畫為主體的長篇文學「合卷」，像是柳亭種彥的作品《偐紫田舍源氏》這種敘述報仇及御家騷動的故事，特別讓人喜愛。

此外，延續洒落本[15]中滑稽成分的「滑稽本」[16]裡，十返舍一九的《東海道中膝栗毛》最為知名。這本書搭上了當時的旅遊熱潮，很多人當作旅遊指南閱讀。

這個時代女性也展開了閱讀，出現了以女性讀者為目

此時此刻的世界大事？

《傲慢與偏見》於1813年出版

英國作家珍・奧斯汀（Jane Austen）的愛情小說《傲慢與偏見》（*Pride and Prejudice*），內容描寫主角伊莉莎白在挑選夫婿的心路歷程。描寫一般人生活的本書在當時獲得極高評價，日本的夏目漱石也給予盛讚。

標的「人情本」[17]這個類別。為永春水的《春色梅兒譽美》為時下代表作，卻因之後會提到的「天保改革」遭到嚴厲處罰。

至於戲劇的領域，鶴屋南北創作的《東海道四谷怪談》中充滿怪誕詭異又恐怖的要素，引起廣大迴響。然而，戲劇方面之後同樣受到天保改革的影響。即使如此，文學與戲劇仍成為大眾的娛樂，就算生活不富裕的町人也能享有。在街上芝居小屋[18]林立的同時，也有町人與農民一起入門學習茶道、花道、書道等藝術，連帶建立了日後的家元制度。

此外，高價的工藝品、盆栽、園藝植物等流通頻繁，帶動產業發展。

由此可知，化政文化的時代在內容上延續了寶曆・天明文化之下，卻更加成熟，另一項特色是無論文化的引領者或接受的對象，都更朝社會大眾普及。

雖然在這之後因為幕府的不穩定，導致幕府權力逐漸衰退，但所謂的「江戶文化」可説在這個時期已然成形。

15 通俗小説的一類，以在聲色場所遊樂為主題。
16 通俗小説的另一類，描寫滑稽的故事。
17 以描寫愛情故事為主。
18 劇場。

化政文化期的書籍

山東京傳
《忠臣水滸傳》
復仇故事

滝澤馬琴
《南總里見八犬傳》
傳記小說

柳亭種彥
《修紫田舍源氏》
合卷代表（有插畫）

為永春水
《春色梅兒譽美》
人情本

十返舍一九
《東海道中膝栗毛》
滑稽本

式亭三馬
《雷太郎強惡物語》
復仇故事

column 6

江戶時代的出版事業

撐起浮世繪、文學流行的江戶時代「貸本業」

江戶時代的書籍價格高昂，並不是一般庶民可以輕鬆購買。

話雖如此，閱讀文化之所以能夠普及到江戶大眾，有個很重要的背後因素，就是「貸本屋」的存在。

貸本屋，就是租書業者，以出借書籍來營利的店家。租書費通常是購買價格的五分之一到八分之一，讓一般人能輕鬆閱讀。西方因為有古騰堡發明的活字印刷，讓書籍能夠大量製造，但在當時仍以木版印刷為主流的日本，因為無法量產使得書籍價格居高不下。

據說一八〇八年（文化五年）江戶的租書業者有六百五十六人，他們每一個人擁有大約一百七十到一百八十位客戶，可以看出租書的普及性。

租書業者中若有獲利者，有人就以此為本錢，自行找作者出版書籍，也就是出現類似出

圖中畫的是繪草紙屋的蔦屋耕書堂的店面。門口有寫著老闆蔦屋重三郎名字的招牌，並張貼銷售中的山東京傳著書以及狂歌本的宣傳。

引用自《畫本東都遊》中〈繪草紙店〉葛飾北齋畫。

版社的行業。愈多人閱讀書籍，作家賺的錢多了，連帶使得繪製插畫的浮世繪師等職人的收入也增加。

對書籍流通與振興文藝有貢獻的租書業者，其實還有一項重要的作用。一些因為幕府出版控制時列為禁書的書籍，仍能透過業者以租書的形式流通。

因為有這個管道，使得成為禁書的書籍仍有機會到讀者手中，但另一方面也有租書業者受到幕府懲罰。

金權政客的野心——天保改革

接下來，由於大御所德川家齊的死亡，出現了改革政治亂象的機會。當時的第十二代將軍德川家慶，對家齊政權下握有權力者一一處分，並在一八四一年（天保十二年）由新一任老中水野忠邦主導推動「天保改革」。

忠邦認為「享保．寬政改革才是典範」，以政治回歸為目標。

首先要做的，是拯救因為天保饑荒與家齊奢侈生活而陷入危機的幕府財政，並且下令解散株仲間，希望達到買賣自由及降低物價。但實際上株仲間的解散導致市場混亂，未能提升經濟。

此外，幕府以「取締」的名目發布「上知令」，將江戶、大坂十里四方的諸大名及旗本領地沒收歸為直轄。至於忠邦的目的眾說紛紜，但在「幕府試圖強行控制肥沃的土地」這類來自大名、旗本及農民的強烈不滿之下，最後只得收回成命。

再者，為了增加農村人口發布「人返令」[19]，卻幾乎看不到效果。

另一方面，在當時成為威脅的外交問題上，也出現了動作。在天保改革開始前的一八三七年（天保八年），忠邦基於異國船驅逐令，將送還海難漂流倖存者並要求通商的美國船隻馬禮遜號（Morrison）予以驅逐，也就是「馬禮遜號事件」。

經過這起事件，幕府加強了江戶灣（東京灣）的防備體系，卻在一八四〇年（天保十一年）面臨震撼的消息。

國力遠遠超越日本的大國——清國，竟然在鴉片戰爭中敗給了英國。不僅如此，從荷蘭方面更獲得消息，「接下來就看日本的態度，很可能英國與日本也不免一戰」。

於是，忠邦力圖加強軍事能力，並規劃引進西式裝備。然而，幕府內部的保守強硬派意見根深柢固、難以扭轉，引進的過程並不順利。

此外，忠邦擔心一不小心就刺激到外國，決定更換掉異國船驅逐令，讓過去發布的薪水給予令適用於所有的

此時此刻的世界大事？

1840年爆發鴉片戰爭

由於英國、印度、清三國之間的三角貿易，使得清國鴉片流行，導致上癮者增加並陷入財政困境。清國雖然嚴格取締鴉片，卻讓英國對此不滿而出兵，爆發鴉片戰爭。最後清國大敗，在全球造成震撼。

異國船隻。

另一方面，忠邦要找回享保・寬政時期的秩序，在控制文化上也費了很大工夫。除了寄席[20]數量大幅減少，對於內容也有諸多干預，並且強制遷移江戶歌舞伎三座（中村座、市村座、森田座）等，對戲劇造成嚴重打擊。不僅如此，還嚴格審查出版品，讓許多文人都受到處罰。

忠邦這些改革的內容，想當然耳會受到從諸大名到一般民眾各個階層的反彈。結果，先前提到對於「上知令」的反彈成為導火線，忠邦在一八四三年（天保十四年）遭罷免老中一職，就此失勢。

忠邦的改革並未展現充分成果，但這並

天保改革的主要架構與內容

文化	所有出版品都需在出版前由幕府機構審查。
商業	解散江戶的十組問屋（江戶的批發商會）株仲間，解散全國問屋株仲間。
農業	發布「人返令」，獎勵到江戶工作的人回鄉務農，同時禁止從農村新移居江戶者。針對農村實施儉約與外出工作許可制。
外交	撤回驅逐令，發布薪水給予令。

不是他一個人的責任，包括有限的年貢收入、持續擴大的支出等，幕府的財政才是根本的問題所在。

最後，就忠邦個人而言，他是個野心很大、有強烈企圖心的人，善用賄賂、排除對手，用盡各種手段接近當權者讓自己往上爬。事實上，他在遭罷免老中之後還曾經一度復職，但不到一年又被揭發種種不當行為，最後受到蟄居處分。

他就在不得志之下過了大約七年隱居生活，一八五一年（嘉永四年）默默孤獨死去。對一個用盡一切手段不斷追求權力的男子而言，這樣的人生落幕未免太淒涼了。

19 強制在江戶的農民回鄉。

20 表演落語等大眾傳統娛樂的場所。

躍進的諸藩——幾位幕末主角登場

進入十九世紀後，各地興起了稱為「手工作坊式生產模式」（Manufacture）的生產型態。

這是由富有的地主或商人建設工廠，然後找來作為奉公人[21]的勞工來生產的方式。與已經因工業革命進入自動化的英國等地不同，主要採取手工作業，但已有分工、合作的概念。此外，寺子屋[22]及私塾的普及使得全國教育水準提升，民眾識字率之高往往讓來自其他各國的人感到驚訝。

然而，全國各藩都陷入了財政困境，這個時期更考驗各藩的改革態度。在此時改革成功的藩，將在日後面臨到的幕末政局掌握主導權。

薩摩藩與明、清的關係密切，在實質上統治了貿易興盛的琉球王國，因此與各藩相較之下有其他收入來源，即使如此財政上仍然吃緊。不過，第八代藩主島津重豪之下的調所廣鄉成為改革推手之後，陸續以擴大琉球貿易、充實專賣制度，以及實質上註銷呆帳等政策，讓財政狀況逐漸好轉。

後來廣鄉因為與琉球走私貿易的問題引咎自殺，但他累積下的基礎，影響了日後幕末軍事能力的提升。

另一方面，長州藩的財政比薩摩藩更為窘迫，歷代藩主以培養人才及振興產業試圖重振財政。

重整財政健全化需要花費很長的時間。一八三八年（天保九年）第十三代藩主毛利敬親提拔的村田清風推動改革專賣制度，並引進洋學、西方設備，提升了重整財政成果，但最後他仍難逃失勢命運。即使如此，他的政策同樣為長州藩的躍進奠定了基礎。

其他像是後來成為新政府軍的肥前藩等，也經過藩政改革成功後，持續累積實力。

另一方面，幕府一方的各藩在幕末也持續進行改革。

例如，水戶藩在一八二九年（文政十二年）由第九代藩主德川齊昭實施藩政改革，起用了藤田東湖、戶田銀

此時此刻的世界大事？

1839年鄂圖曼帝國開始實施坦志麥特改革

經過帝國內獨立運動及西方各國介入後陷入危機的鄂圖曼帝國，在阿卜杜勒麥吉德一世（Abdulmejid I）繼位後，大刀闊斧推出大規模的西化改革「坦志麥特」（Tanzimat）。然而，這項改革並未獲得國民支持，反倒使得帝國國勢迅速走下坡。

次郎等改革派人才。因為領地內總檢地[23]以及設立藩校「弘道館」等各項改革，讓他成為幕末時代的關鍵人物。

此外，備中松山藩的第七代藩主板倉勝靜，拔擢儒學家山田方谷進行藩政改革。藉由重振財政的政策，不但打消了藩的貸款，更進一步轉虧為盈。因為勝靜的這份功績，讓他得以老中身分撐起動亂的藩政。

如同上述介紹，在幕末帶來重大影響的各藩，與之後的新政府軍、舊幕府軍幾乎都是在這個時期因為改革有成果的藩。

另一方面，在石高或家格方面優越的藩，有些到了幕末時代幾乎無法發揮原本應有的分量。

以「加賀百萬石」規模自豪的加賀藩，歷經多次藩政改革的同時，在禁門之變（因為政變遭到逐出京都的長州藩軍，在蛤御門附近與會津、薩摩藩軍交戰後落敗的事件。又稱蛤御門之變）爆發時，下一任當主前田慶寧因逃出戰場而遭受處罰，幾乎沒有可以發揮的場合。

至於在德川御三家之中家格最高的尾張藩，在幕末時由於藩內無法團結一致，即使最後決定站在新政府軍一方，也幾乎沒有得到新政府軍任何恩惠。

在幕末時的影響力，已經與石高或家格沒有太大相關性了。

21 受雇的僕人、員工。

22 江戶時代讓庶民子弟受教育的民間機構。

23 檢地，農田面積與收成調查。

江戶時代的偉人 ❸

江戶的超級多角化創意人

平賀源內

Hiraga Gennai

1728 ～ 1779

活躍於多方面的奇才

出生於讚岐國（現今香川縣）藏番（管理收放紙張倉庫的職務）家的源內，經歷在長崎的遊學後，赴江戶學習本草學。

源內在很多方面都發揮了他的多才多藝，像是舉辦日本首次的物產會、製作火浣布（以石棉纖維製作的不可燃布料）、實驗靜電設備等，在各個領域都能看到他出色的表現。

另一方面，他在藝術方面也有很深的造詣，同時身為戲作家、淨琉璃作家、畫家等，留下許多傳世佳作。

因為這些成就，讓幕府及高松藩招攬他參與殖產興業政策，然而這次並未獲得太多成果，源內也沒有獲得支持者。

失意的源內因誤殺人而入獄，後來還死於獄中。在現代獲得極高評價的源內，其實在當時未得到太多賞識，他自己也曾經感到不滿。或許他是個太早出生的奇才。

第四章

江戶幕府的尾聲

——開國與戰亂的時代（1843～1867）

幕末思想的泉源——各種學問的發展

幕末時期，由於異國船隻接近引起的動盪，使得「倒幕」思想有愈來愈多人知道。接下來看看支持這場倒幕運動的「尊王攘夷」思想有什麼樣的背景。

對幕末思想造成重大影響的是出自水戶藩的學問，「水戶學」。過去有德川光圀編纂《大日本史》，在秉持重視學問精神，致使學術興盛的水戶藩，經過藩主齊昭的改革，有很多人才都受到了重用。

受到齊昭提拔的藤田東湖、會澤正志齋等人，在推動改革的過程中，正是幕府內部混亂，同時面臨異國威脅，也就是正處於「內憂外患」的危險時刻。

他們認為國內的混亂原因來自「民心離反」，應以天皇為主的祭祀為本，藉此整合民心。另一方面，面對來自異國的威脅時，也重視對天皇為主的「國體」展現忠誠。

這種「尊敬天皇、討伐異國」的思想論調，連帶影響出現日後的「尊王攘夷論」。

話說回來，水戶學本身並不否定幕府，倒幕思想的扎根反倒是因為深受水戶學影響的長州藩吉田松陰的關係更大。

松陰在他的私塾「松下村塾」中，與高杉晉作、山縣有朋、伊藤博文等有志之士，針對以水戶學為基礎的倒幕色彩濃厚思想進行意見交換與論戰，並同時推廣這套思想。

松陰之後雖被處死，但無庸置疑他的倒幕思想為日後帶來重大影響。

另一方面，受到水戶學影響的「國學」，在這時期出現新的發展，也是時代的另一項特色。

受到本居宣長影響的國學家平田篤胤，重視人死之後的世界，並且將家中或村中相傳的神明與國家神結合，因此獲得許多地方人士的支持。

篤胤獨創的國學稱為「復古神道」，與水戶學相較之下，獲得更多地方豪農及神官的大力支持，進而影響在野的尊王攘夷運動。

松陰的學術與復古神道，都是與尊王攘夷有高度相關的思想，但另一方面，農政家也發展出獨特的思想。其中著名的人物有二宮尊德（金次郎），他以勤勉著稱，在日本全國的小學裡都看得到他的塑像；另一個則是成立了號稱協同組合[1]先驅「先祖株組合」的大原幽學。

在這些思想普及的同時，幕府也開始認真鑽研西洋學術。幕府天文方設立了「蕃書和解御用掛」（西洋書籍的翻譯機構），正規研究西洋學術，後來也出現許多像是宇田川榕菴、青地林宗等優秀的蘭學家。

一八五六年（安政三年），蕃書和解御用掛升格為「蕃書調所」，後來經過幾次改制成為現在的東京大學。

此時此刻的世界大事？

1856年克里米亞戰爭結束

在鄂圖曼帝國敗北後，英、法兩國擔憂俄羅斯進軍地中海而向俄羅斯宣戰，於是爆發克里米亞戰爭。最後俄羅斯落敗，除了南下政策受挫，也不得不正視近代化改革的必要性。

至於民間，緒方洪庵的「適塾」發展下，培育出許多優秀的蘭學家，另一方面卻發生了打壓蘭學者的事件——「蠻社之獄」。針對馬禮遜號事件，幕府忽視世界情勢的因應態度，蘭學者高野長英以《戊戌夢物語》、渡邊華山則著有《慎機論》，都對幕府提出了嚴厲批判。結果，兩人都遭到懲治，但也有人指出，事件的背景其實來自幕府內部保守派與開明派的對立，這次事件是保守派試圖造成開明派失勢的一起政治疑案。

這起事件對於西洋學者造成很大打擊，但與水戶學同樣對吉田松陰帶來極大影響的開國派佐久間象山出現了，眾人對於西方學術的關注愈來愈強烈。

這裡介紹的是江戶後期到幕末時期流行的主要思想、學問。這些思想影響了藩政改革成功的各藩，甚至發起倒幕。

1 即合作社組織。

開國或攘夷？——動搖的幕府

幕府方面在水野忠邦失勢之後，由就任老中的阿部正弘主導政局。然而，這時幕府面臨了最大的危機。一八五三年（嘉永六年），乘著「黑船」的培理一行人來到日本，迫使幕府開國。培理的手法與先前的外國船隻不同，他以優越軍事力為背景，強勢要求幕府開國。

雪上加霜的是，就在培理來到日本後沒多久，將軍家慶亡故，由虛弱且缺乏將軍資質的第十三代將軍德川家定繼位。加上清國在鴉片戰爭落敗，幕府得面對更艱難的路線選擇。話雖如此，老中阿部正弘要求一年後再回覆，讓培理先回國。在這段期間，正弘罕見地向諸藩大名尋求積極主動的意見，最後因為支持開國的大名為數較多，正弘決定開國。隔年，培理依約再次來到日本，日本與美國簽訂「日美和親條約」，「鎖國體制」就此劃下句點。

這一連串的過程中，看起來似乎江戶幕府被美方予取予求。但實際上幕府有以大學頭林煒為首組成的交涉團，經過多次討論之後傳達幕府的主張。

接下來，正弘廣納社會意見，像是建設品川砲台、解禁大船建造、引進西式軍備等推動各項軍制改革，稱為「安政改革」。

同時正弘也大刀闊斧起用旗本勝海舟、川路聖謨等人才，為積弊已久的幕府帶來一股新氣象。

然而，幕府內仍分成開國派與攘夷派，兩派的權力鬥爭愈演愈烈，正弘雖然勉力在顧及雙方顏面下施政，最終仍在一八五五年（安政二年）將老中的位子讓給堀田正睦，後來突然身亡。

正睦與要求通商的美國領事哈里斯（Townsend Harris）多次交涉，卻引來德川齊昭對此猛烈批判。

正睦以英法聯軍之役後清國慘敗的例子為鑑，希望盡可能找到有利於日方的形式與美國開展貿易，仍舊無法制止齊昭荒腔走板的行徑。

此時此刻的世界大事？

1856年爆發英法聯軍之役

英國與法國，以清國水師扯下船上英國國旗的「亞羅號事件」作為藉口，對清國發動英法聯軍之戰。慘敗的清國簽訂天津條約、北京條約等不平等條約，對日本開國也造成了重大影響。

另一方面，被認為「不適格」的將軍家定，其接班人之爭也呈現白熱化。支持紀州藩主德川慶福的紀州派，與支持一橋慶喜的一橋派，兩派人馬持續激烈的政爭。

紀州派的成員有譜代大名及大奧、將軍的近臣，一橋派則由一橋德川一門以及外樣大名組成。

只是老中正睦也支持慶喜，可說慶喜要坐上下一任將軍大位只差臨門一腳了。

然而，關鍵人物家定卻非常討厭慶喜，一來是慶喜之父齊昭強烈鮮明的個性，另外就是家定之妻，也就是島津家出身的篤姬（天璋院），以及其他眾多大奧女性，對慶喜都抱以強烈反感。

紀州派與一橋派的關係圖

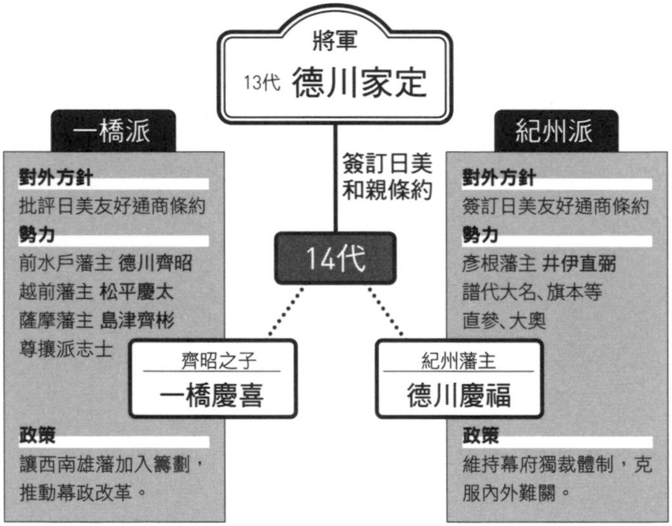

試想，過去的將軍繼承人都是以「將軍子嗣」為前提，站在家定與篤姬的角度來看，在兩人的孩子尚未誕生之前就大談下任將軍接班的話題，心裡難免不舒服吧。

接著，在與美通商問題及下一任將軍問題的交錯之中，獲得紀州派支持的井伊直弼接下大老一職，讓局勢出現重大變化。

上述的幕府動亂，在幕府穩定的時期完全無法想像。從關係圖可以看出，將軍權力弱化導致諸大名與老中各說各話，統治核心大大動搖。

過去歷代將軍提高自己的權力，明訂與諸大名之間的上下關係，並以「血脈」來嚴訂將軍繼嗣順位，為的就是要防止這類的狀況發生。

因此，當出現兩派人馬嚴重對立的時刻，代表幕府的命運儼然是風中殘燭。

回到前面提到的，多位大名認為將軍家定「不適格」。

另一方面，也有近臣表示將軍「並非不適格」，評價相當分歧。然而，他在一八五八年（安政五年）身亡，年僅三十五歲。無論好壞，輔佐他的井伊直弼倒是有極高的知名度。

將軍與繼承關係

將軍	繼承關係
第２代　秀忠	家康的３男
第３代　家光	秀忠的次男
第４代　家綱	家光的長男
第５代　綱吉	家光的４男→家綱的養子
第６代　家宣	綱重（家光的３男）的長男→綱吉的養子
第７代　家繼	家宣的４男
第８代　吉宗	光貞（家康之孫）的４男
第９代　家重	吉宗的長男
第10代　家治	家重的長男
第11代　家齊	一橋治濟（吉宗之孫）的長男→家治的養子
第12代　家慶	家齊的次男
第13代　家定	家慶的４男
第14代　家茂	德川齊順（家齊的7男）的長男
第15代　慶喜	德川齊昭（水戶藩主德川治紀的3男）的7男

大獄的結果——井伊直弼與安政大獄

大老井伊直弼起用親信長野主膳，在譜代大名之中也表現出實力，獲得紀州派的信任而成為大老。

當時，日本已與美國之外的各個國家陸續簽訂了友好條約。美國外交官哈里斯以英法聯軍之役為籌碼，要求盡可能在優勢下簽訂通商條約。

在這個狀況下，直弼處於不得不開國的立場。但棘手的是一橋派的反彈，以及朝廷強硬的態度。

當時雖然政權掌握在德川家，但天皇仍保有強大權威。於是，老中堀田正睦企圖獲得天皇許可，也就是敕許來壓制反對派，便前往京都請求敕許。

在這個習慣由幕府執行政務，朝廷只需認可的時代，這樣的行為實屬罕見。但是，正睦獲得敕許是以「請求」的方式，使得兩者關係逆轉。

不僅如此，即使正睦低聲下氣，孝明天皇仍拒絕給予敕許。正睦此行沒有任何成果，只有讓幕府的權威更加下滑。

接下來直弼依舊為了獲得敕許簽訂條約而奔走，直到澈底理解到極其艱難，最後終於無奈放棄敕許，於一八五八年（安政五年），在幕府獨斷下簽訂「日美修好通商條約」。

此外，配合該解決的將軍繼嗣問題，內定由紀州派支持的德川慶福接任。在簽訂條約不久後家定就突然身亡，於是慶福便以「德川家茂」之名就任第十四代將軍。

以往這兩項政策都被視為直弼的獨斷加上牽強的政治結果，但近年來這些評價在重新檢視後，發現了其中含有家定的意願，以及經過一連串交涉到最後一刻的結果。家定在將軍繼嗣問題上忽略慶喜，希望由家茂來接班。至於通商條約的簽訂，最終的交涉結果是以避免培理侵略日本這樣最糟的狀況發生為前提。

此時此刻的世界大事？

1858年蒙兀兒帝國滅亡

1857年因為印度傭兵引發的風波而爆發印度民族起義，這些人擁戴已經失去實權的蒙兀兒帝國皇帝，後來卻不敵英國的反擊而多次失敗。最後皇帝遭判流放，蒙兀兒帝國就此滅亡。

話雖如此，一橋派當然對此震怒。齊昭等人對直弼的決定提出異議，並且試圖與天皇聯手推翻幕府的決定。

針對這些反對意見，直弼澈底鎮壓。

首先，對於一橋派的主要人物，包括齊昭、慶喜、越前藩主松平春嶽、土佐藩主山內容堂等人，全數判處蟄居，連同與他們聯手的朝廷公家也一併處罰。

直弼的打壓並未就此結束。他將各藩的武士也視為打壓的對象，像是吉田松陰、支持春嶽的親信橋本左內、儒學家賴三樹三郎等人也遭到判刑。

據說這一連串的鎮壓，受牽連的人物超過一百人，史稱「安政大獄」。如此大規模的打壓，造就了長久以來眾人的看法，「直弼獨裁且強勢政治招致這樣的結果」。

然而，這場鎮壓的背景是因為孝明天皇對於直弼沒有敕許就擅自簽約一事惱怒，而給予水戶藩敕書（傳達天皇命令的文件），希望能私底下祕密再次討論條約問題。

對幕府而言，這是絕對無法容忍的行為。

自家康、秀忠的時代之後，幕府在推動與朝廷和平共處的同時，也基於禁中並公諸家法度，嚴禁朝廷參與政治以及與諸藩結盟。

從幕府的角度來看，若在此時以低姿態應對，就會陷入家康無論如何都想避免的局面，也就是關原之戰後「天下被朝廷派與幕府派一分為二」的狀況。

為此，與這份敕書相關的一干人等絕對不得不加以懲處。

實際上，安政大獄不是直弼個人的獨斷決定，而是在徵詢過將軍、多位老中的意見後執行。光責備直弼一人未免太不公平。

然而，想要以嚴苛打壓來維持幕府的權威，最終仍舊失敗。過於強力的打壓，反倒使得尊王攘夷派人士的反抗愈來愈強，甚至讓各藩放下成見、團結一致。

此外，針對敕書一事，水戶藩分裂成穩

朝廷與幕府的主要大事

1615年（元和元年）	禁中並公家諸法度發布	由幕府制訂針對朝廷、公家規則政策的基本法令。又稱公家諸法度。
1627年（寬永4年）	紫衣事件	過去天皇允許大德寺、妙心寺等僧侶穿著代表高位階的紫衣，幕府宣布此項許可無效。
1758年（寶曆8年）	寶曆事件	竹內式部為公卿講授神學、儒學，公卿再為天皇解說。後來公卿遭到罷免、蟄居處分，式部遭到放逐。
1766年（明和3年）	明和事件	幕府懷疑山縣大貳、藤井右門謀反，隔年予以處決。寶曆事件的竹內式部放逐至遠島。
1789年（寬政元年）	尊號一件	光格天皇想要為其父閑院宮典仁親王賜予太上天皇尊號，遭到幕府否決。
1858年（安政5年）	戊午密敕	孝明天皇向獨斷簽訂日美修好通商條約的幕府表達攘夷的立場。朝廷向幕府表示抗議。

健派與激進派，在內部造成大混亂。後來激進派脫藩並自稱「天狗黨」，水戶藩在中央政界的影響力逐漸降低。

天狗黨之中有一股「必須排除誤導將軍的惡質下屬」的氣氛高漲，與薩摩藩士都顯得蠢蠢欲動。

後來，事件終於發生了。一八六〇年（萬延元年），正準備登上江戶城的直弼在途中，也就是櫻田門附近，遭到脫藩的水戶藩士與薩摩藩士的襲擊。在這場著名的「櫻田門外之變」，直弼當場遇害。

在櫻田門外之變後，幕府的權威有了關鍵性地下滑。過去掌握絕對權力的幕府喪失了優越性，任誰都有預感德川時代已經走到了盡頭。

至於直弼，遭到暗殺後人們仍舊對他惡評不斷。大老井伊直弼始終被當作是個將思想先進者一一處死的大壞蛋，同時也是讓江戶幕府走上滅亡之路的人。

然而，就像前面說明過的，針對直弼的評價持續重新檢視後，會發現這一連串的政策，並非出自他一己的主張及信念。

直弼本人兼備文武兩道，尤其在劍術及茶道方面更是才華洋溢。如果他不是出生在幕末這個時代，說不定會以親藩——彥根藩的藩主身分，在處理政務上有傑出表現，同時沉浸於藝術，名留青史。然而，實際上卻只在動盪的幕末陸續推出毀譽參半的政策，在政治面上受到關注，至於他原本的個性則幾乎沒有人討論過。

此時此刻的世界大事？

1861年美國爆發南北戰爭

美國為了廢除奴隸制度的爭議分裂成南方與北方（美利堅合眾國），並爆發南北戰爭。作戰時間雖然很長，但在合眾國總統林肯的領導下，合眾國逐漸有利，經過約四年的戰爭最後由合眾國獲勝。

諸藩群起——斷然推動的攘夷與薩長同盟

櫻田門外之變結束後，主掌幕府政局的成了老中久世廣周與安藤信正。不過，他們和直弼不同，面對大名採取低姿態應對，因此大名的發言權再次提升。

面對這樣的狀況，兩人為了重振幕府權威，安排第十四代將軍家茂迎娶皇女和宮為妻，這麼一來就是「公家」與「武家」結合的「公武合體」。

由於和宮原本已經有婚約在身，朝廷對於將和宮嫁到幕府，也就是「降嫁」相當不情願，但焦急的幕府無論如何一定要完成這項任務，拚命遊説。

雖然最後好不容易達成這樁聯姻，但天皇要求的回報是「提出具體的攘夷計畫」。其實幕府毫無推動攘夷的意願，卻仍舊答應了這個條件。

結果，各藩的反彈加上認可參與政治，使得幕府權威低落，降嫁一事反倒刺激了尊攘派。

在這之後，廣周與信正仍依照之前的方針，與外國簽訂通商條約，處理尊攘派襲擊外國人的事件等等，試圖穩定外交。然而，一八六二年（文久二年）發生了信正在江戶城坂下門附近遇襲的「坂下門外之變」後，信正就此失勢。

另一方面，各藩中出現大動作的就是長州藩與薩摩藩。長州藩起初曾向朝廷提議加強與海外連結的「航海遠略策」，卻受到來自藩內尊攘派強烈反彈，於是更換方針，確定走向支持朝廷「激底攘夷」的路線。

薩摩藩在推動公武合體之下，試圖復權以及澈底改革幕政的一橋派人士，由掌握實權的藩主之父島津久光率領大軍前往京都。獲得朝廷的許可後，轉往江戶，要求幕府接受一橋慶喜的將軍後見職（輔佐將軍的職務）以及松平春嶽的政事總裁職。

自此之後，慶喜與春嶽主導推動「文久改革」，內容包括簡化禮儀、安排外樣大名參與幕政，以及將軍上洛等事務。雖然有趁著改革之際納入西方知識的成果，但屈服於外樣大名及朝廷壓力下的改革，最後導致幕府權威更加低落。

不僅如此，這些公武合體派對於攘夷並不積極，讓尊王攘夷派勢力大感不滿，決定以猛烈的攻勢推動攘夷。

公武合體派也無法抵擋這些意見，雖然約束攘夷派的行動，仍舊不斷出現難以預料的事態，像是專門攻擊幕府要員或親幕府公卿的薩摩藩士，與企圖防止這類狀況的薩摩藩士，

公武合體派、尊王攘夷派在禁門之變前的過程

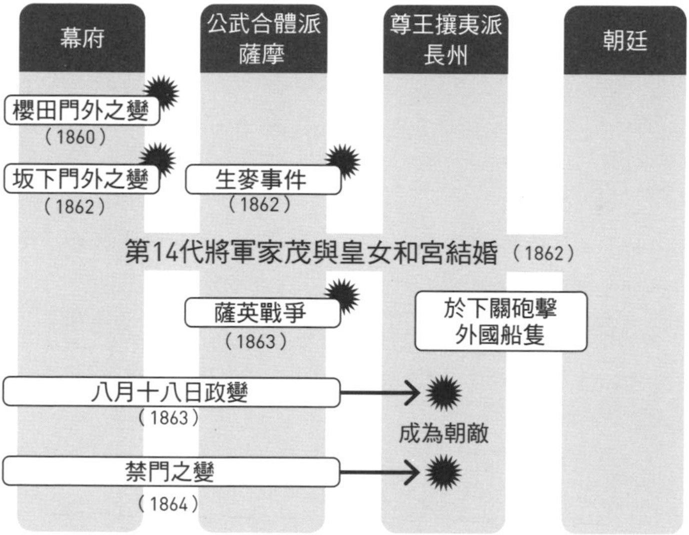

兩派之間互相攻擊爆發的「寺田家事件」。

於是，幕府為了控制尊攘派勢力特別強的京都，設置了「京都守護職」，由會津藩的松平容保擔任。此外，後來在他之下也誕生了維持治安的執行部隊「浪士組」（後來的新選組）。

然而，尊攘派依舊勢不可擋。一八六二年（文久二年）薩摩藩士殺害英國商人，爆發「生麥事件」，導致英國為了報復掀起「薩英戰爭」。

這場大戰雙方皆蒙受巨大損傷，但和議成立後英國與薩摩藩突然變得關係密切。在薩摩藩的路線清晰之後，與以開國派為主流的幕府之間連結也更強。

另一方面，長州藩對攘夷的態度並未改變。與尊攘派公卿三條實美等人聯手，在京都發揮實力。然而，一八六三年（文久三年）薩摩藩、會津藩與公武合體派公卿共擬對策，將以長州藩為主的尊攘派逐出京都，發動政變，掀起這場「八月十八日政變」。

對此，一群長州藩志士在一八六四年（元治元年）本來計劃殺害松平容保並挾持天皇，卻被事先洞悉計畫的新選組阻止，在這起「池田屋事件」中長州藩也損傷慘

禁門之變相關圖

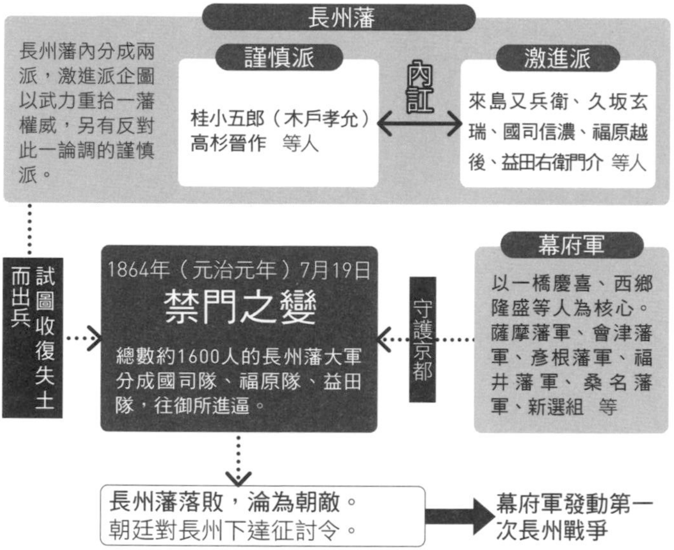
長州藩
長州藩內分成兩派，激進派企圖以武力重拾一藩權威，另有反對此一論調的謹慎派。
謹慎派
桂小五郎（木戶孝允）
高杉晉作　等人
內訌
激進派
來島又兵衛、久坂玄瑞、國司信濃、福原越後、益田右衛門介 等人
試圖收復失土而出兵
1864年（元治元年）7月19日
禁門之變
總數約1600人的長州藩大軍分成國司隊、福原隊、益田隊，往御所進逼。
守護京都
幕府軍
以一橋慶喜、西鄉隆盛等人為核心。薩摩藩軍、會津藩軍、彥根藩軍、福井藩軍、桑名藩軍、新選組　等
長州藩落敗，淪為朝敵。
朝廷對長州下達征討令。
幕府軍發動第一次長州戰爭

重。

長州藩軍力圖扭轉局勢，出兵攻打試圖拿下京都，但當時有朝廷任命禁裏（宮內）守護的慶喜，加上會津藩、桑名藩、薩摩藩等各藩兵力集結對抗長州。在此爆發的「禁門之變」長州藩軍落敗，不但久坂玄瑞等多名藩士戰死，同時因為違反天皇旨意對京都出兵而被當作「朝敵」。

這起事件讓幕府決定「長州征伐」，由前尾張藩主德川慶勝擔任總督、薩摩藩士西鄉隆盛為參謀格的組合，展開第一次長州戰爭。

然而，當時長州的攘夷激進派已經被迫遠離政治核心，並在擅自決定攘夷後於下關砲擊由英國、法國、荷蘭、美國四國組成的聯合艦隊，引發「下關戰爭」，根本沒有餘力再與幕府交戰。

因此，長州藩軍表達謝罪與投降的意願，幕府也同意停戰，就此結束長州戰爭。

據說幕府一方原諒的理由是，「為了防止內亂」、「考量到戰爭持續下去對幕府的經濟也會造成負擔」等，然而，在針對長州軍的處分上又發生了對立。這是因為長州藩內過去被逐出政治核心的高杉晉作，由他率領的「奇兵隊」等勢力出兵，試圖奪回政權。

尤其是一橋家、會津藩、桑名藩都要求必須澈底處分長州藩。他們認為，如果對長州的處分過於寬容，不僅撼動幕府的權威，連他們自己的處境也岌岌可危。

將軍也呼籲採取強硬政策，但令人意外的是先前與長州藩強烈對立的薩摩藩，竟然希望給予寬容的處分。

薩摩藩之所以對敵人的態度轉變，雪中送炭，背後的原因就是「對幕府的不信任」。

在之前一八六三年（文久三年），島津久光參加了由慶喜、有力諸藩與朝廷共同討論政策的「參與會議」，慶喜只是與朝廷同調，像是支持封鎖橫濱港，對久光的意見充耳不聞，參與會

此時此刻的世界大事？

1862年簽訂西貢條約

趁著傳教士遇害而介入越南的法國，發起戰爭後大勝越南並簽訂西貢條約。這使得越南不得不同意天主教自由傳教、割讓東部三省，以及開港通商。這成了日後淪為殖民地的第一步。

議制度等同破局。這讓久光對幕府及慶喜留下強烈不信任。同時，薩摩藩對於公武合體似乎也看不到希望後，決定不再與諸藩攜手，而傾向獨自擬定一套富國強兵策略。

在這個狀況下，幕府試圖讓將軍家茂上洛，再次攻打長州。這回若要真的開打，勢必需要薩摩的協助。

然而，西鄉與大久保利通、小松帶刀等幾名有力的薩摩藩士卻認為，「既然幕府對於我們的請求充耳不聞，我們又何必為了幕府出兵到第一線作戰呢？」因此拒絕出兵協助。

另一方面，長州藩的處境仍舊相當不利。除了已經失去一切，面對幕府的攻擊又一刻不停歇。雖然在政局核心的是一群攘夷派藩士，但此時已經沒有餘力再呼籲攘夷了。總之，最優先要做的是尋找盟友，並且讓藩重振強勢。

換句話說，在這個時間點上薩摩與長州有了聯手的動機。話說回來，要與直到近期仍是敵人的對象聯手，就算利害關係一致也沒那麼容易。

雙方在檯面下經過多次會談，就差最後的臨門一腳。

這時，負責交涉的人物就是土佐的坂本龍馬與中岡慎太郎。他們倆居中多次協調，並援助薩摩藩購買長州藩的軍事用品，縮短雙方的距離。

就在一八六六年（慶應二年）正月，「薩長同盟」成立。

薩長同盟的成立讓幕末勢力分布出現大轉變，幕府的處境也變得艱難。

薩長同盟成立之前

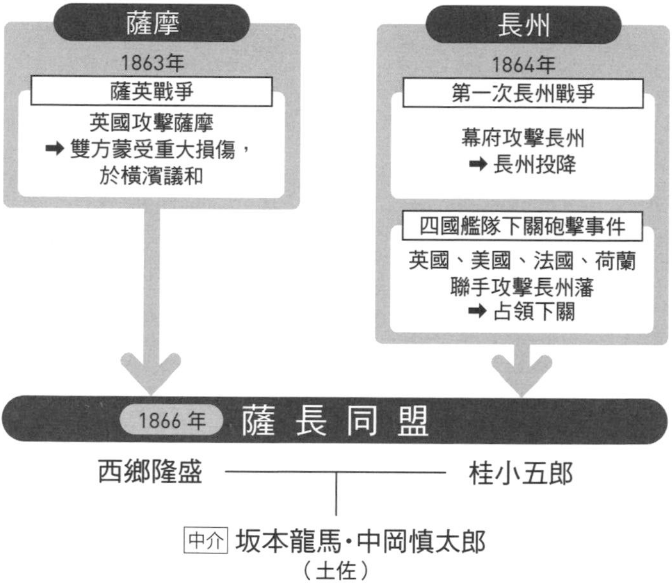

column 7

江戶的傳染病「天花」

讓日本人飽受折磨的疾病
緒方洪庵貢獻一生推廣療法

自古以來全球陸續爆發過幾次「天花」大流行，造成許多人死亡。

日本也很畏懼這種同時具有傳染力及高致死率的疾病，像是伊達政宗、上田秋成、吉田松陰等知名人物都曾感染。此外，天花即使康復後也會留下痘疤，或是有失明的風險，確實是非常棘手的傳染病。

另一方面，天花這種疾病只要感染過一次，就擁有很強的免疫力。英國的醫師金納（Edward Jenner）便利用這項特性，用牛感染的病毒，也就是人即使感染也只是輕症的「牛痘」來獲得免疫力，他發表這個「牛痘接種」的療法，並推廣到社會。

然而，當時在日本牛痘接種法並不普及，仍舊使用另一種「人痘接種法」，就是將感染者的膿接種於手臂傷口上。對這種療法感到疑慮的，正是大坂的蘭方醫緒方洪庵。

全球流行的主要幾種傳染病

感染症	流行年	擴大地區及受害程度
鼠疫	6世紀、14～17世紀	6世紀流行時持續超過200年，死亡人數超過1億。
天花	1663年、1770年	西元前便已存在的傳染病。1663年在美國的聚落造成4萬人死亡，1770年在印度的致死患者有300萬人。
西班牙流感	1918～1920年	據説死亡人數多達2000萬～4000萬人。
COVID-19	2019年末～	感染人數2億1600萬人，死亡人數為450萬人（截至2021年8月底）。

洪庵透過蘭學深深感受到牛痘接種法的價值所在，不但在大坂成立「除痘館」，更不計營利持續為患者接種。

不僅如此，他也在足守藩（現今岡山縣）及各地方設立除痘館推廣療法，更為了要消除大眾對牛痘的偏見而遊說幕府，最後讓大坂的除痘館獲得認可，牛痘接種法得以迅速普及。

對於對抗天花有功的洪庵，在幕末遇上大流行的霍亂，他也致力抗疫，可說是日本公共衛生、預防醫學的先驅。

起死回生的一手——大政奉還

薩長同盟終於成局！但薩長同盟並非薩摩藩與長州藩兩藩正式的盟約，頂多是一部分重臣之間的約定。換句話說，大家是否能真的遵守還是未知數。

這時，剛好遇到了測試薩長同盟效力的情勢。不出所料，幕府方面要求薩摩藩協助攻擊長州。

不過，薩摩藩的大久保利通堅決不肯出兵。對於幕府的出兵命令遭到藩方的忽視，這狀況非同小可。然而，即使遭到拒絕，幕府也不可能因此攻打薩摩藩，於是只能在缺少薩摩藩之下仍發動「第二次長州戰爭」。

話說回來，事實上大多數的藩仍與幕府站在同一邊，就算少了薩摩藩，要打敗區區一個長州藩照理說也不用費太大工夫。

豈料，幕府軍竟然敗給長州軍。戰敗的理由經常被認為是長州與幕府之間士氣與戰術的差別、長州有足夠時間備齊裝備等，但最大的原因應該是將軍家茂之死。

對於缺乏戰意的各藩來說，剛好能以此為藉口直接收兵，終於讓幕府敗給長州一藩。

連長州也打不贏～～這項事實將幕府的衰弱表露無遺。

在這樣的情勢下，德川慶喜（一橋慶喜）成了江戶幕府最後一任將軍。

不過，因家茂之死導致幕府呈現無將軍狀態，慶喜經過四個月前所未有的空窗期才就任，加上同一年孝明天皇也過世，政局一片混亂。

換句話說，慶喜的任務就是要在如此極度嚴峻的狀況下重振幕府。

慶喜在一八六六年（慶應二年）起，執行了勘定奉行小栗忠順與栗本鯤等主要人士推動的江戶幕府最後改革案——「慶應改革」。

第二次長州戰爭

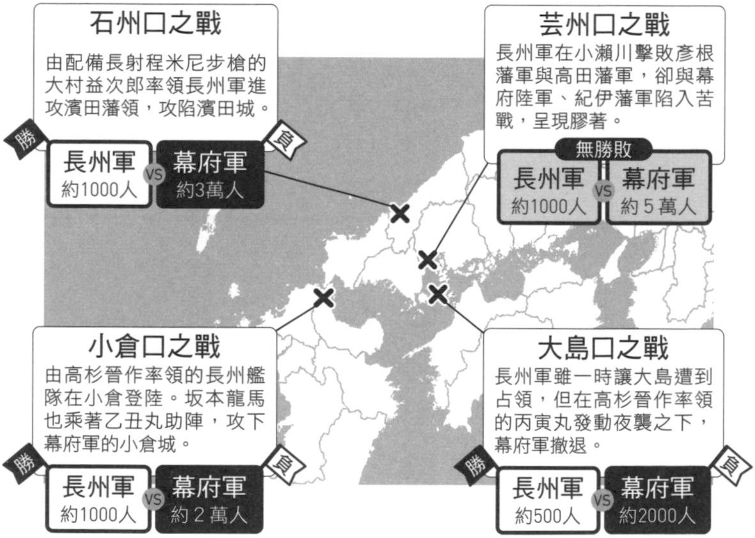
石州口之戰
由配備長射程米尼步槍的大村益次郎率領長州軍進攻濱田藩領，攻陷濱田城。
勝
負
長州軍
約1000人
VS
幕府軍
約3萬人
芸州口之戰
長州軍在小瀨川擊敗彥根藩軍與高田藩軍，卻與幕府陸軍、紀伊藩軍陷入苦戰，呈現膠著。
無勝敗
長州軍
約1000人
VS
幕府軍
約5萬人
小倉口之戰
由高杉晉作率領的長州艦隊在小倉登陸。坂本龍馬也乘著乙丑丸助陣，攻下幕府軍的小倉城。
勝
負
長州軍
約1000人
VS
幕府軍
約2萬人
大島口之戰
長州軍雖一時讓大島遭到占領，但在高杉晉作率領的丙寅丸發動夜襲之下，幕府軍撤退。
勝
負
長州軍
約500人
VS
幕府軍
約2000人

慶喜計劃與法國公使羅叔亞（Léon Roches）合作，進行官僚體系重整以及西式軍事改革等，提升一定的效果。

面對幕府的改革，最需要保持警戒的就是長州藩與薩摩藩。長州藩自然不用多說，至於薩摩藩也對幕府有種不信任感，認為只要長州藩一遭攻陷，「下一個就輪到我們了」。因此，兩藩突然加強合作關係。

然而，此時兩藩倒也尚未一面傾向倒幕，兩藩打算與土佐藩、宇和島藩這些強勢的藩合作，奪取幕府的外交權，讓德川家降格成為諸藩之一，但慶喜巧妙運用政治力，不肯放掉外交主導權。

家茂的死非但沒讓幕府勢力衰退，看起來更有增長的傾向。這讓薩長兩藩心急了起來。事實上，在這個階段受到逼迫的並不是幕府。

讓他們感到焦急的，是終於清楚意識到要以武力來「討幕」。

尤其薩摩藩更是傾向武力倒幕，但這時曾為土佐藩要臣的後藤象二郎向薩摩建議，不動武力而要慶喜將政權奉上，也就是「大政奉還」。

當時倒幕勢力對於武力行使的看法呈現對立，在提出大政奉還建議的同時，另一個有力的選項則是獲得天皇敕命後行使武力。

因此，也有人指出所謂大政奉還的建議充其量只是名目，實際上很可能是以大政奉還將會遭拒為前提，為行使武力革命設想一個理由罷了。

然而，慶喜竟然接受建言落實了大政奉還。至此，江戶幕府消滅。

那麼，為何慶喜接受了大政奉還呢？其中一個理由是他已經察覺到局勢將會朝武力革命的方向演變。事實上，就在大政奉還的前一刻，倒幕派已向天皇取得「倒幕密敕」，也就是說，倒幕軍成了受到天皇支持具有權威的一股勢力。因此，慶喜刻意率先主動將政權交還給天皇，讓倒幕軍沒有藉口。

此外，他可能也認為，即使將政權歸還朝廷，幾百年來從未主導過政局的朝廷也不可能馬上執政。實際上，

此時此刻的世界大事？

1866年普奧戰爭開戰

組成德意志邦聯的德國人國家普魯士與奧地利，針對德國的統一看法不同而加深對立，最後終於爆發普奧戰爭。獲勝的普魯士成立了將奧地利摒除於邦聯框架外的「小德意志統一」。

慶喜在成立新政府時仍位居要職。

有人更進一步認為，這是因為近幾年面對各國威脅應該要展現「舉國一致」的態度，因此目的在避免權力雙重化。

總之，慶喜的大政奉還對倒幕派來說是意料之外，反倒因為爽快地歸還政權，讓慶喜的評價迅速上升。

江戶幕府確實因為大政奉還而滅亡，但慶喜的判斷簡直就是「起死回生的一手」。

江戶幕府真正的終結——戊辰戰爭

大政奉還雖然成立，但這是只由薩摩藩、土佐藩等一部分的藩與慶喜決定的大事件，因此慶喜受到幕臣及會津藩、桑名藩、紀州藩等各路勢力激烈反彈。尤其會津藩仍舊要求要懲罰長州藩，這一點刺激了反幕府派。

反幕府派集結起來發出「王政復古大號令」，發動政變，為了是讓朝廷能握有實權，目的希望成立一個排除慶喜、會津藩、桑名藩等勢力的新政府。

另一方面，慶喜在事前就察覺到王政復古一事，最後默許了。有人認為原因是「避免爆發內亂」、「期待自己在新政府也有一席之地」等，實際狀況則不得而知。

在這之後，王政復古政權下究竟要讓德川家在新政府有什麼樣的定位，對此公武合體派與薩摩藩產生激烈對立。

然而，由於支持慶喜的勢力強大，他在新政府內擔任要職也幾乎成為定局。換句話說，在這個階段占優勢的是慶喜。

那麼，為什麼後來他會失去優勢呢？原因就出在大政奉還隔年發生的「薩摩藩邸縱火事件」。江戶的薩摩藩邸藩士在江戶不斷施暴、搗亂，這樣的行徑惹怒了庄內藩，遂放火燒薩摩藩邸。

一連串的事件立刻蔓延到大坂與京都，會津藩與舊幕臣趁勢強烈主張要討伐薩摩。慶喜與其親信似乎到開戰之前都沒有那麼堅持，但薩摩藩一方決定行使武力，最後就以京都為舞台爆發「鳥羽伏見之戰」。

舊幕府軍雖然在軍事力上有優勢，但不想要在京都引起戰爭的慶喜所領導的舊幕府軍因為準備不足，以及淀藩、津藩的背叛等原因，導致一路打敗仗，在整體政局中成為舊幕府軍失勢的關鍵因素。

大政奉還到鳥羽伏見之戰爆發的過程

1867年（慶應3年）
- 10月14日…慶喜提出大政奉還的上表文
- 10月14日…發給長州藩倒幕密敕
- 10月15日…大政奉還、敕許
- 12月 9日…朝廷宣布王政復古
- 12月25日…江戶薩摩藩邸縱火事件

1868年（慶應4年）
- 1月 1日…慶喜命令舊幕府軍進軍京都
- 1月 3日…爆發鳥羽伏見之戰，開啟戊辰戰爭

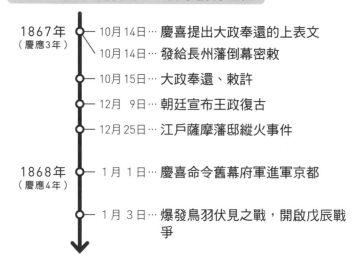

因為在這個時間點，朝廷將薩摩藩、長州藩為主的新政府軍視為「官軍」，舊幕府軍則成了對天皇張牙舞爪的「朝敵」。對於利用天皇權威嘗試公武合體的舊幕府軍而言，是致命傷。

不僅如此，即使戰敗機率大，但在戰爭仍舊持續的狀況下，慶喜突然只帶著極為親近的少數部屬離開大坂，回到江戶。此一行動讓仍留在戰場上的舊幕府軍士氣低落到谷底，成了戰敗的直接原因。

因為這番行為，讓慶喜被視為「將部屬留在戰場上，自己臨陣脫逃的卑鄙小人」，也成了後世對他的評價。

至於慶喜為什麼選擇臨陣脫逃呢？

與他親近的人向朝廷說明，「慶喜返回江戶只是想表示，這場戰爭其實都是部屬擅自決定，他自己本身並非朝敵」，看來這是最接近慶喜真正的想法。

回到江戶之後，慶喜對於主張澈底抗戰的意見充耳不聞，展現出自律且順從新政府的態度。話說回來，這種行為也像是完全放棄了制止毫無章法的家臣，獲得的評價並不太好。

對於大局抵定之無法反攻的舊幕府軍，新政府軍並不放在眼裡，更企圖對江戶城發動總攻擊。這一舉動因為英國公使巴夏禮（Harry Smith Parkes）的反對，以及西鄉隆盛與勝海舟的會談而得以在最後一刻避免，最後決定江戶城無血開城，慶喜保得一命。自此之後，慶喜避開政治參與，熱中投入興趣度過餘生。慶喜的興趣廣泛，除了狩獵、騎馬、圍棋之外，對於當時剛傳入日本的西洋畫、攝影等樂於挑戰，也是個喜愛新事物的人。

有別於慶喜，舊幕府軍仍持續與新政府軍作戰。舊幕臣與新選組、彰義隊等勢力在江戶及關東各地抵抗，仙台藩、米澤藩加上由東北及北陸各藩組成的「奧羽越列藩同盟」也奮力抵抗，仍屢屢戰敗。尤其會津藩投入

鳥羽伏見之戰

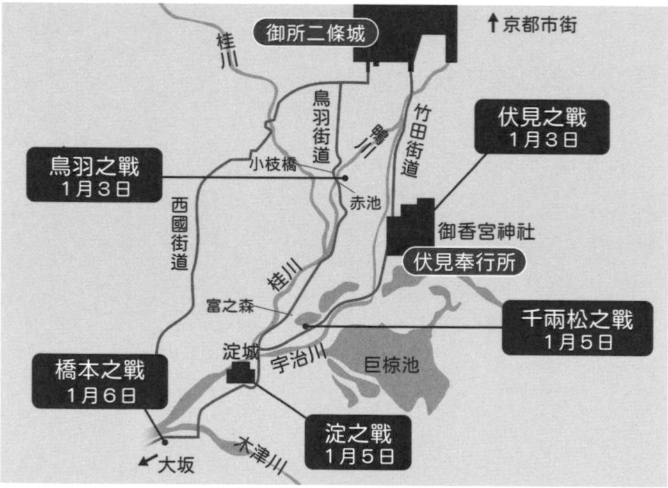

所有戰力迎戰的會津戰爭，連集結少年兵組成的白虎隊，以及年長者、女性都加入了戰鬥，最後全走上了喪命的悲劇性末路。

隨著投降的勢力、戰死的人數日漸增加，最後只有新選組與舊幕臣之中倖存的土方歲三、榎本武揚、大鳥圭介等人抵達箱館的五稜郭。

他們成立了「箱館政權」，卻在一八六九年（明治二年）爆發的箱館戰爭中落敗，舊幕府軍終於完全投降於新政府軍。至此，起於鳥羽伏見之戰的「戊辰戰爭」結束，江戶幕府也走向澈底終結。

江戶時代至今的遺產——社會的延續性

一般來說，我們學到的都是「進步的」新政府打倒「落後的」江戶幕府，之後完成了富國強兵與文明開化，建立起近代日本的基礎。

的確，在明治新政府之下，要求各藩歸還領土與領民的「版籍奉還」，以及「廢藩置縣」等，讓過去的藩制度瓦解，並建立起以天皇為中心的中央集權體制。其他像是廢止身分制度、學制教育的普及，甚至禁止帶刀與梳髮髻等，有不少近代化的各項改革也是事實。

然而，事實上這些改革若是沒有「江戶幕府的遺產」就絕對無法達成。

雖說諸藩瓦解，但多數的縣、市中心基本上仍設於過去諸藩的城下町，而產業、經濟、行政系統也幾乎直接沿用各藩的體制。而教育的普及，也是因為原先已經設置許多藩校、私塾、寺子屋等，學力具備高水準，且對於學習並不排斥，這些觀念都已成形。

至於新政府的重要政策，文明開化，前面也提過在江戶幕府就已經積極採納西方文化。反倒是作為新政府核心的薩長持續呼籲的「攘夷」，還走在幕府之後。

另一方面，在新政府的改革之中也有江戶幕府尚未解決的課題。

例如，表面上號稱要四民平等，但對於皇族、華族仍有特殊待遇，同時社會上還是有「穢多、非人」這些稱呼，而阿伊努、琉球民族等依舊遭受歧視。雖然宣示多樣化的府縣政治參與，實際上皆為自幕末就保有實力的「薩摩藩、長州藩、土佐藩、肥前藩」四藩來主導政局。

過去從世界史來看江戶幕府建立的幕藩體制，很多人認為與法國的絕對君主制以及俄羅斯的帝制，同樣都是「封建制」（由領主統治人民的體制）。

然而，近年來有人認為不需要硬將西洋史的標準套用在日本史上，因此對於幕藩體制＝封建制的評論也產生疑問。因為這個觀念的轉變，近來再次檢視長久以來視為「打倒封建制革命」的明治維新，以及重新評價江戶幕府。

換句話說，「明治維新」並不是澈底改變日本的一大改革，而是無論好壞仍延續大部分江戶幕府體系的政治體制變革。

只是江戶幕府成就的「在將軍之下的中央集權化」於兩百五十年的漫長歷史中，最後留下的是徒具框架的制度與墨守傳統的無效率慣性，這也是不爭的事實。

另一方面，不光是政治，若把目光放在社會整體來看，現代所謂的「日本價值觀」也是在江戶時代成形。

如同開頭介紹過，在江戶時代來臨之前，日本才剛結束漫長的戰亂。江戶時代之前的日本人並未建立起道德上的上下秩序，即使面對主君，若是自己的性命沒有保障時通常也會毫不留情地殺害。

然而，進入江戶時代後，以「儒學」（朱子學）作為社會的基礎當作維持和平的手段，加上教育的普及，使得情況大大改變。人們開始尊敬主君、年長者、雙親，也變得重視禮數與上下秩序。

到了現代，在提到日本人的特色時，經常會強調「勤勉」、「以和為貴」、「講究禮儀」等，但這些特色可說都是江戶時代出現的。同時，在討論到日本人的課題時，常見的有「缺乏主體性」、「前例主義」、「男女不平等」等，也都是源自江戶時代。

此外，像是七五三、成人式、還曆等一年之中固定的活動，以及旅遊、賞花、看煙火等娛樂，同樣是自江戶時代開始深植於社會。

江戶時代並不是與現代毫無關連、遙遠的古代世界，而是在許多層面都與現代社會有所關連。了解江戶時代就能了解「日本」，能夠更深理解現代社會，連帶著獲得邁向未來的線索。

年表

這是可以交互對照「江戶時代大事」與「世界大事」的年表。

年代	江戶時代大事	當時的將軍	世界大事
1603	・德川家康成為征夷大將軍，成立江戶幕府	家康①	・荷蘭東印度公司成立（1602）
1615	・豐臣氏於「大坂夏之陣」後滅亡	秀忠②	・俄羅斯羅曼諾夫王朝成立（1613～1917）
1627	・幕府認定僧侶穿著紫衣升格無效的「紫衣事件」	家光③	
1635	・因武家諸法度修訂而建立參勤交代制	家光③	・印度打造泰姬瑪哈陵（1632～53）
1637	・爆發島原・天草一揆（～1638）	家光③	・後金改名為清（1636）
1641	・決定鎖國	家光③	・歐洲各國參戰的「三十年戰爭」結束（1648）
1657	・江戶最大火災，明曆大火	家綱④	・英格蘭君主復辟（1660）
1687	・綱吉發布「生類憐憫令」	綱吉⑤	・英國光榮革命（1688）
1715	・發布長崎貿易相關條例「海船互市新例」	家繼⑦	・為爭奪控制波羅的海爆發「北方戰爭」（1700～21）
1721	・吉宗設置「目安箱」	吉宗⑧	
1742	・「公事方御定書」完成	吉宗⑧	・奧地利王位繼承戰爭（1740～48）

1758	・朝廷內尊王論者的打壓事件「寶曆事件」	家重⑨	・七年戰爭中，英國擊敗法國，成為全球經濟龍頭（1756~63）
1767	・幕府打壓尊王思想的事件「明和事件」	家治⑩	
1772	・田沼意次成為老中	家治⑩	・英國進入工業革命時期（1770左右）
1782	・江戶時代三大饑荒之一「天明大饑荒」（~1787）	家治⑩	・美國十三州獨立宣言（1776）
1787	・發布「儉約令」	家齊⑪	・法國大革命（1789）
1792	・拉克斯曼自俄羅斯來日	家齊⑪	・拿破崙皇帝登基（1804）
1825	・幕府發布「異國船驅逐令」	家齊⑪	・法國七月革命（1830）
1834	・水野忠邦成為老中	家齊⑪	・英國選舉法修訂（1832）
1837	・損毀豪商倉庫的「大鹽平八郎之亂」	家齊⑪	・英國與清國之間爆發鴉片戰爭（1840~42）
1858	・日美修好通商條約簽訂	家茂⑭	・俄羅斯與聯軍之間爆發克里米亞戰爭（1853~56）
1860	・大老井伊直弼遭到暗殺「櫻田門外之變」	家茂⑭	・美國掀起南北戰爭（1861~65）
1864	・幕府挑起長州戰爭	家茂⑭	・紅十字國際委員會成立（1864）
1867	・因為「大政奉還」、「王政復古大號令」使得江戶幕府結束	慶喜⑮	・普奧戰爭（1866）

参考文獻

《首都江戸の誕生 大江戸はいかにして造られたのか》大石学（KADOKAWA）
《江戸の外交戦略》大石学（KADOKAWA）
《近世日本の勝者と敗者》大石学（吉川弘文館）
《新しい江戸時代が見えてくる：「平和」と「文明化」の 265 年》大石学（吉川弘文館）
《徳川歴代将軍事典》大石学（吉川弘文館）
《江戸の教育力：近代日本の知的基盤》大石学（東京学芸大学出版会）
《元禄時代と赤穂事件》大石学（KADOKAWA）
《吉宗と享保の改革》大石学（東京堂出版）
《詳説世界史研究》木村靖二／岸本美緒／小松久男（山川出版社）
《江戸文化をよむ》倉地克直（吉川弘文館）
《江の生涯》福田千鶴（中央公論新社）
《田沼意次：御不審を蒙ること、身に覚えなし》藤田覚（ミネルヴァ書房）
《幕末・維新全藩事典》人文社編集部（人文社）
《徳川慶喜》家近良樹（吉川弘文館）
《緒方洪庵》梅溪昇（吉川弘文館）
《徳川秀忠》山本博文（吉川弘文館）
《家光は、なぜ「鎖国」をしたのか》山本博文（河出書房新社）
《戦国関東の覇権戦争》黒田基樹（洋泉社）
《江戸時代の身分願望：身上りと上下無し》深谷克己（吉川弘文館）
《徳川綱吉》塚本学（吉川弘文館）
《城と城下町》石井進（山川出版社）
《お伊勢参り：江戸庶民の旅と信心》鎌田道隆（中央公論新社）
《水野忠邦：政治改革にかけた金権老中》藤田覚（東洋経済新報社）
《薩長同盟論：幕末史の再構築》町田明広（人文書院）
《地図・年表・図解でみる　日本の歴史》武光誠／大石学／小林英夫（小学館）
《日本史年表・地図》児玉幸多（吉川弘文館）

國家圖書館預行編目資料

一冊讀懂江戶時代／大石學 監修；葉韋利 譯
——初版 .—— 新北市：遠足文化事業股份有限公司，
2024 年 5 月
224 面；14.8×21 公分
譯自：一冊でわかる江戶時代
ISBN 978-986-508-292-5（平裝）
1. 江戶時代 2. 日本史

731.26　　113002652

輕鬆掌握日本三大幕府 3-3

一冊讀江戸時代

一冊でわかる江戸時代

監　　修　大石學
譯　　者　葉韋利
責任編輯　賴譽夫
美術排版　一瞬設計
協　　力　比企貴之（國學院大學　研究開發推進機構）
日版構成　常松心平、古川貴惠（303BOOKS）、齊藤颯人
日版設計　倉科明敏（T. デザイン室）
日版文字　齊藤颯人
插　　畫　磯村仁穗
日版圖表　竹村朋花（303BOOKS）

編輯出版　遠足文化（讀書共和國出版集團）
行銷企劃　張偉豪、張詠晶、趙鴻祐
行銷總監　陳雅雯
副總編輯　賴譽夫
發　　行　遠足文化事業股份有限公司
23141 新北市新店區民權路 108 之 2 號 9 樓
代表號：（02）2218-1417　傳真：（02）2218-0727
客服專線：0800-221-029
Email：service@bookrep.com.tw
郵政劃撥帳號：19504465
戶名：遠足文化事業股份有限公司
網址：http://www.bookrep.com.tw

法律顧問　華洋法律事務所　蘇文生律師
印　　製　韋懋實業有限公司
初版一刷　2024 年 5 月

I S B N　978-986-508-292-5
定　　價　360 元